D. Hunter

Solidarität der Straße

*D. Hunter* ist in Großbritannien in der Unterklasse aufgewachsen. Nach Kindheit und Jugend in kaputten Sozialwohnungen, auf der Straße und im Knast hat er den vermeintlichen ›Absprung‹ geschafft. Er organisiert sich in der radikalen Linken und promoviert an der Universität von Manchester. *Solidarität der Straße* ist sein erstes Buch, das in Großbritannien hohe Wellen geschlagen hat. Erreichbar auf Twitter unter @dtheclaretchav.

D. Hunter

# Solidarität der Straße

## Autobiografische Essays

mit einem Vorwort von Christopher Wimmer

aus dem Englischen übersetzt von
M. Lautréamont und Isabelle Suremann

UNRAST

Bibliografische Information der Deutschen Bibliothek:
Die Deutsche Bibliothek verzeichnet diese Publikation in der Deutschen Nationalbibliografie; detaillierte bibliografische Daten sind im Internet über https://dnb.de abrufbar.

D. Hunter:
Solidarität der Straße
Autobiografische Essays
mit einem Vorwort von Christopher Wimmer
aus dem Englischen übersetzt von M. Lautréamont und Isabelle Suremann
1. Auflage, März 2024
ISBN 978-3-89771-392-5

Titel der Originalausgabe:
Chav Solidarity

Deutsche Übersetzung auf Grundlage der 2020 bei Lumpen erschienenen 3. Auflage


www.unrast-verlag.de – kontakt@unrast-verlag.de
Mitglied in der assoziation Linker Verlage (aLiVe)

Umschlag: Felix Hetscher, Münster
Satz: Andreas Hollender, Köln
Druck: Interpress, Budapest

Dieses Buch ist Dank derjenigen Menschen entstanden, die mich in den ersten 25 Jahren meines Lebens begleitet haben. Die Toten, die Ausgegrenzten und Verachteten. Für immer in meinem Herzen, stets auf meinen Armen.

# Inhalt

Vorwort zur deutschen Ausgabe: Die Widersprüche ›ganz unten‹ (Christopher Wimmer) ... 9
Einleitende Anmerkungen zur 3. Auflage (2020) ... 17
Einleitung ... 21
Chav Solidarity ... 27
Komfort und Wahnsinn ... 37
Gebrochene Körper, wütende Jungs ... 47
Wo finden wir Halt? Vom Überlebenskampf zum Widerstand ... 57
Unbändige Liebe ... 67
Hunde, die bellen, beißen nicht ... 79
Warum ich zuschlug ... 89
Maskeraden ... 97
Ich, der Rassist ... 109
Ausgeliefert ... 121
Alte Wege ... 131
Brot und Rosen für alle Kämpfer:innen ... 141
Aufruhr ... 149
Abschied ... 157
P.S. ... 163
Danksagung ... 167

Triggerwarnung

**Dieses Buch thematisiert sexuelle Gewalt, zwischenmenschlichen wie auch institutionellen Rassismus, genderspezifische Gewalt physischer, psychischer und verbaler Art, verschiedene Formen physischer Gewalt, Suizid, Drogenkonsum, Transphobie, Mord und Polizeigewalt.**

# Vorwort zur deutschen Ausgabe: Die Widersprüche ›ganz unten‹

Christopher Wimmer

*Solidarität der Straße* ist keine leichte oder einfache Lektüre. Und das ist auch gut so. Die Sammlung von Essays, die bereits 2018 auf Englisch erschienen ist und hier nun erstmalig auf Deutsch vorliegt, basiert auf den persönlichen Erfahrungen des Autors D. Hunter. Er wurde 1979 oder 1980 in eine Familie von ›Irish Travellers‹, einer fahrenden Volksgruppe, geboren. Hunter nimmt seine Geschichte(n) als kindlicher Sexarbeiter, als jugendlicher Drogensüchtiger, Wohnungs- und Obdachloser, als Insasse in mehreren Gefängnissen und Psychiatrien sowie als politischer Aktivist zum Ausgangspunkt, um die bestehende Klassengesellschaft radikal anzuklagen. Ebenso will er zeigen, wie unsere soziale Position die Art und Weise prägt, wie wir denken, handeln und Politik machen.

Im vorliegenden Buch wird soziale Klasse nicht als trockene Theorie oder als rein analytischer Begriff verstanden. Vielmehr ist sie etwas, das in Fleisch und Blut der Menschen übergegangen ist und somit konkret erfahrbar wird – und verdammt wehtun kann: körperlich und seelisch; sie ist erbarmungslos und manchmal sogar lebensgefährlich. *Solidarität der Straße* handelt von diesem klassenspezifischen Leid. Hunter schreibt voller Trauer, aber zugleich wütend und anklagend. Seine ehrlichen und schonungslosen Erinnerungen an das Aufwachsen in prekären und zutiefst brutalen Verhältnissen zeigen die Vielzahl von Ungerechtigkeiten, denen Menschen in der Klassengesellschaft alltäglich ausgesetzt sind. Das Leben der *underclass*[1] ist geprägt von Erwerbslosigkeit, Bezug von

1 *Underclass* und Exklusion sind zentrale Begriffe, die sowohl in den Medien als auch in den Sozialwissenschaften den Ausschluss zahlreicher Menschen vom gesellschaftlichen Reichtum bezeichnen. Ersterer wurde im US-amerikanischen Kontext geprägt, während Letzterer in Frankreich an Prominenz gewann, aber seitdem auch in den allgemeinen

Sozialleistungen und Armut. Einen Ausweg aus dieser schrecklichen sozialen Notlage suchen viele in Gewalt, Kriminalität, Suchtmittelkonsum oder auch Suizid. Von der Mehrheitsgesellschaft werden die betroffenen Menschen ausgegrenzt, sozial abgewertet und stigmatisiert.[2]

An dieser Stelle treffen Hunters Erfahrungen im britischen Kontext auf die deutschen Verhältnisse. Auch hierzulande wirken die gleichen Mechanismen. Denn auch in Deutschland werden Menschen gesellschaftlich marginalisiert und entwürdigt.[3] Gerade im Zuge der sogenannten »Unterschichtendebatte«[4] der frühen 2000er-Jahre verbreitete sich der moralisch aufgeladene und medial vermittelte Typus des ›faulen Arbeitslosen‹, der bis heute vorherrscht. Erwerbslose bzw. Bezieher:innen von Sozialleistungen seien von Arbeitsunwilligkeit, Gewaltneigung, Verwahrlosung, Kinderreichtum und Promiskuität geprägt. Hinzu kämen schlechte Wohnverhältnisse, familiäre Probleme und ein fehlendes soziales Netz. Ihre Armut und Erwerbslosigkeit wurde jedoch von der herrschenden Meinung nicht als Folge ihrer Klassenposition verstanden, sondern auf ihr individuelles (Fehl-)Verhalten zurückgeführt. Dies zeige

---

Sprachgebrauch eingegangen ist. Gerade beim Begriff der *underclass* stehen jedoch nicht allein die ›Ausgeschlossenen‹ zur Debatte, im Begriff selbst ist häufig auch eine Abwertung der so Bezeichneten enthalten. Im Original verwendet ihn Hunter jedoch auch selbst. Vgl. zur Begriffsgeschichte: Lindner, Rolf; Musner, Lutz (Hg.) (2008): Unterschicht. Kulturwissenschaftliche Erkundungen der ›Armen‹ in Geschichte und Gegenwart. Freiburg: Rombach; Koch, Max (1999): Ausbeutung und Ausgrenzung. Das Konzept der ›Underclass‹. In: Sebastian Herkommer (Hg.): Soziale Ausgrenzungen. Hamburg: VSA, S. 35–59; Wacquant, Loïc (2023): Die Erfindung der ›Unterklasse‹. Berlin: Dietz.

2 Vgl.: Katz, Michael B. (2013): The undeserving poor. America's enduring confrontation with poverty. New York: University Press; Zatz, Noah D. (2012): Poverty unmodified? Critical reflections on the deserving/undeserving distinction. In: UCLA Law Review 550 (59), S. 550–597.

3 Wimmer, Christopher (2023): Die Marginalisierten. (Über-)Leben zwischen Mangel und Notwendigkeit. Weinheim: Beltz Juventa; s.a. Nachtwey, Oliver (2016): Die Abstiegsgesellschaft. Über das Aufbegehren in der regressiven Moderne. Berlin: Suhrkamp, S. 136; Rehbein, Boike et al. (2015): Reproduktion sozialer Ungleichheit in Deutschland. Konstanz: UVK, S. 55f.

4 Vgl.: Chassé, Karl August (2010): Unterschichten in Deutschland. Materialien zu einer kritischen Debatte. Wiesbaden: Springer; Kessl, Fabian; Reutlinger, Christian; Ziegler, Holger (Hg.) (2007): Erziehung zur Armut? Soziale Arbeit und die ›neue Unterschicht‹. Wiesbaden: Springer.

sich beispielsweise in ihrer ungesunden Ernährung (Alkohol, Nikotin etc.), fehlenden gesellschaftlichen Teilhabe oder allgemeinen Apathie.

Es gibt bereits viele Bücher, die sich mit dem Aufwachsen in Armut beschäftigt haben, über brutale Kindheiten oder über Menschen, die in der Fürsorge, in der Psychiatrie oder im Strafvollzug gelandet sind.[5] Meist sind dies jedoch Geschichten, in denen die Protagonist:innen diese Verhältnisse ›überwunden‹ bzw. hinter sich gelassen und nun in einer vermeintlichen Mittelklasse-Idylle ihr Heil gefunden haben. Hunter lehnt eine solche (Aufstiegs-)Erzählung ab. Sein Interesse gilt weiterhin dem Schmerz, der Ausgrenzung und der Wut all jener Erniedrigten, Geknechteten, Verlassenen und verächtlich Gemachten, von denen bereits Karl Marx gesprochen hat.[6]

Was das vorliegende Buch darüber hinaus so bedeutend macht, ist seine Konzentration auf die Komplexität der konkreten Lebensrealitäten. Hunter stellt all die sozialen Orte der Marginalisierung, der Exklusion und der Gewalt als Orte des Widerspruchs dar. Denn diese verweigern sich einer einfachen Erzählung. Ohne Beschönigung schreibt Hunter einerseits davon, wie Missbrauch, Gewalt, Rassismus und Sexismus zum Alltag der *underclass* gehören, berichtet andererseits aber auch von jenen Momenten, in denen Menschen in seinem Umfeld füreinander einstehen. Wir begegnen seinem missbräuchlichen Großvater, der den Staat ablehnt und gleichzeitig die Menschen, die ihm am nächsten sind, auf grausame Weise quält. Wir sehen Solidarität innerhalb seiner Familie, auf der Straße oder im Gefängnis, wenn es darum geht, sich gegen Sozialarbeiter:innen, die Polizei, die Justiz oder andere staatliche Eingriffe zu wehren. Die *underclass* weiß aus eigener Erfahrung, dass der Staat nur weitere Gewalt bedeutet. Das Buch ist in vielerlei Hinsicht ein Protest gegen die Stigmata, die armen und marginalisierten Menschen

---

5 Zu einiger Prominenz haben es etwa die Erfahrungen des französischen Soziologen Didier Eribon und des deutschen Journalisten Christian Baron gebracht. Vgl. Eribon, Didier (2016): Rückkehr nach Reims. Berlin: Suhrkamp; Baron, Christian (2020): Ein Mann seiner Klasse. Berlin: Ullstein.

6 Vgl.: Marx, Karl (1981[1844]): Einleitung zur Kritik der Hegelschen Rechtsphilosophie. In: Marx-Engels-Werke, Band 1. Berlin (Ost): Dietz, S. 385.

angeheftet werden, gegen Entwürdigungen, die sie ertragen müssen. Sie sind nicht nur ›Kriminelle‹ oder ›Opfer‹ des Systems, denen man mit einem Mehr an Bestrafung oder an Wohltätigkeit beikommen könnte. Hunter schreibt auf jeder Seite des Buches gegen solche Stereotypen an und weist vielfältig auf die Handlungsfähigkeit der Betroffenen hin. Ganz am Anfang beschreibt er etwa, wie seine Familie außerhalb des kapitalistischen Systems Geld verdiente, indem sie Diebstähle beging oder illegale Hunde- oder Boxkämpfe organisierte. Dabei wurde das Geld, obwohl der Großvater den größten Teil des Erlöses für sich reservierte, unter den Familienmitgliedern nach Bedarf verteilt. Die Bedürfnisse der Kinder wurden berücksichtigt oder ein Onkel in einer erstklassigen Pflegeeinrichtung untergebracht. Im Kern geht es also darum, wie die Armen und Marginalisierten trotz all der Gewalt, die sie erleiden und sich auch selbst antun, zusammenhalten und sich gegenseitig etwa gegen Leistungskürzungen oder allgemeine Strafen unterstützen: Jugendliche Sexarbeiter:innen auf der Straße, Kinder, die in größter Armut leben und von ihren überforderten Eltern kaum erzogen werden können, wohnungs- und obdachlose Menschen auf der Suche nach einem Schlafplatz oder nach etwas Nahrung, Gefängnisinsass:innen, die der Gewalt der Wärter:innen ausgesetzt sind. Sie alle überleben auf die einzige Art und Weise, die sie kennen: Indem sie sich zusammentun und jeden gewalttätigen Freier verprügeln, gemeinsam im Supermarkt Lebensmittel klauen oder jene Aufseher:innen in Anstalten kollektiv in Schach halten, die sich an schwächeren Insass:innen vergreifen. Diese und zahlreiche weitere Szenen verdeutlichen die Widersprüche zwischen Gewalt und Liebe, Ungerechtigkeit und Solidarität. Gerade dadurch, dass er sie benennt, stellt sich Hunter der gesellschaftlichen Entwürdigung und Entmenschlichung entgegen, denen die *underclass* ausgesetzt ist – indem er sie als komplexe und widersprüchliche Realität präsentiert. »Meine Leute«, schreibt er, »sind fürsorglich und kämpferisch, sie sind zornig und zärtlich zugleich, sie werden ausgebeutet und ignoriert, sie werden als primitive Arschlöcher und arbeitsloser Abschaum bezeichnet. [...] Jede:r einzelne von ihnen würde die Menschen, die ihre Liebsten verletzen, mit einem Baseballschläger erschlagen.«

Nicht nur aus diesem Zitat wird jedoch auch deutlich, dass rohe Gewalt hinter jeder Ecke lauert. Hunter beschreibt, wie sein Leben seit frühester Kindheit durch fehlende Sicherheit, Fatalismus und Gewalt geprägt ist, die seine gesamte Geschichte und seinen Alltag bis heute bestimmen. Sein Großvater vergewaltigt seine eigene Tochter, Hunters Mutter, und dann auch ihn selbst, als er noch ein Kleinkind ist. Manchmal allein, manchmal mit anderen Männern, die zuschauen oder auch mitmachen. Immer und immer wieder, über Jahre. Diese vollständige Objektivierung gehört zu den ersten Erfahrungen Hunters, die seinen weiteren Lebensweg beeinflussen. Von den physischen Folgen, aber auch den psychosozialen Konsequenzen – Isolation, Beziehungsprobleme, Gefühle der Überflüssigkeit und Nutzlosigkeit – berichtet er ausführlich.

Bei alledem kommen die beteiligten Menschen selbst zu Wort und ihre Handlungen und Erfahrungen werden ernst genommen. Somit gelingt es Hunter, einen lebensweltlichen und vorurteilsfreien Blick auf die tatsächlichen Verhältnisse innerhalb der *underclass* zu eröffnen. Dies ist eine wichtige Erweiterung soziologischer Theorien, die sich immer wieder mit dieser Thematik auseinandergesetzt haben. Hunter macht unmittelbar fassbar, was an anderer Stelle als »soziale Vererbung«[7] oder »Inkorporierung«[8] von Armut beschrieben wurde. Nach der Lektüre versteht man, was es konkret heißt, dass Armut und Marginalisierung von Generation zu Generation weitergegeben werden und sich (unbewusst) in den Körpern der Menschen festsetzen und zu einem Teil ihres Habitus werden, wie es der französische Soziologe Pierre Bourdieu bezeichnet hat.[9] Mit dem Habitus meint er die Gesamtheit des Denkens, Fühlens und Handelns eines Menschen, die klassenmäßig geprägt ist. Durch dieses Set an Dispositionen sind Menschen so stark von der Geschichte und

7 Schütte, Johannes (2013): Armut wird ›sozial vererbt‹. Status Quo und Reformbedarf der Inklusionsförderung in der Bundesrepublik Deutschland. Wiesbaden: Springer.

8 Bittlingmayer, Uwe (2002): Transformation der Notwendigkeit. Prekarisierte Habitusformen als Kehrseite der ›Wissensgesellschaft‹. In: Ders. et al. (Hg.): Theorie als Kampf? Wiesbaden: Springer, S. 225–254.

9 Bourdieu, Pierre (1987): Die feinen Unterschiede. Kritik der gesellschaftlichen Urteilskraft. Frankfurt/M.: Suhrkamp, S. 279.

ihrer Vergangenheit beeinflusst, dass sie vor-reflexiv und unbewusst eine spezifische Grundhaltung gegenüber der Welt entwickeln – die auch ihr künftiges Handeln anleitet.

Auch dies wird in Hunters Erzählungen deutlich. Der *underclass* fehlt es schlicht an Ressourcen, um an eine langfristige Planung oder Vorwegnahme der Zukunft überhaupt nur denken zu können. Vielmehr bestimmen die Erfahrungen von Gewalt, Erwerbslosigkeit und Armut den Alltag zu sehr, sodass lediglich eine Gegenwartsorientierung vorherrscht. Das Leben spielt sich ausschließlich im Hier und Jetzt ab, die unmittelbaren Bedürfnisse können nicht aufgeschoben werden. Die Notwendigkeit, an Essen zu kommen oder einen passenden Schlafplatz zu finden, stellt sich mit absoluter Priorität, sodass Pläne und Wünsche für die nächsten Tage oder gar die fernere Zukunft undenkbar werden. Aspekte wie Sparsamkeit und Planungssicherheit spielen keine Rolle, häufig bleibt lediglich das kurzfristige Entfliehen in Alkohol, Drogen oder Sex. Somit ist die *underclass* eine »Klasse ohne objektive Zukunft«, wie es Bourdieu so meisterhaft herausgearbeitet hat.[10]

Daraus haben auch viele (radikale) Linke die These abgeleitet, Mitglieder der *underclass* seien allgemein unwissend, uniformiert und nicht fähig, auf ihr Leben gestaltend Einfluss zu nehmen oder gar selbstständig Politik zu machen.[11] Diese häufig akademische und durchweg ignorante Sicht auf Klassenkämpfe fordert Hunter heraus. Er kritisiert den Umgang vieler linker Aktivist:innen mit den Themenbereichen Armut, Gewalt und Ausgrenzung. Zwar würden sich viele radikale Linke durchaus für soziale Gerechtigkeit einsetzen, dabei jedoch persönlich kaum etwas investieren und meist achtlos von einem politischen Projekt ins nächste wechseln, sobald es zu Widerständen komme. Diese Anklage an die radikale Linke hat Hunter in Großbritannien viel Kritik eingebracht. Sie ist jedoch unbedingt notwendig und kann auch auf die deutschen

---

10 Bourdieu, Pierre (2000): Die zwei Gesichter der Arbeit. Interdependenzen von Zeit- und Wirtschaftsstrukturen am Beispiel einer Ethnologie der algerischen Übergangsgesellschaft. Konstanz: UVK, S. 112.

11 Wimmer, Christopher (2021): Lumpenproletariat. Die Unterklassen zwischen Diffamierung und revolutionärer Handlungsmacht. Stuttgart: Schmetterling, S. 55–97.

Verhältnisse übertragen werden. Auch hier muss sich ein Großteil der Linken zumindest die Frage gefallen lassen, ob überhaupt oder mit wem sie Klassenkämpfe führt, wen sie durch ihre Ansprache und ihren Ausdruck bereits vorab ausschließt und ob ihre Auseinandersetzung mit sozialer Ungleichheit nicht häufig aus einer bequemen Position heraus geführt wird, die dabei Gefahr läuft, reine Stellvertreterpolitik zu werden.

*Solidarität der Straße* ist zum Teil Autobiografie, zum Teil eine Überlegung über Trauma, Klasse und Identität, zum Teil eine (solidarische und wohlwollende) Anklage gegen linke Aktivist:innen. Vor allem ist es aber eine Artikulation und eine Sichtbarmachung der widersprüchlichen Realität der britischen *underclass*, die auch für andere nationale Kontexte relevant ist. In der Schilderung dessen ist Hunter besonders stark und eindrücklich, schwächer wird er dort, wo er sich an einer Sozialstrukturanalyse der – wie er es nennt – »patriarchalen, kapitalistischen Gesellschaft der *weißen* Vorherrschaft« versucht. Zwar wird aus seinen Schilderungen deutlich, dass die *underclass* gesellschaftlich sowohl für die Produktion als auch für die Konsumption und Zirkulation ökonomisch nutzlos ist. Über ihre geschichtliche Herkunft und ihre gesellschaftliche Bedeutung sagt er jedoch wenig. Hunter folgt der These des US-amerikanischen Historikers Mike Davis, wonach die *underclass* in erster Linie eine Folge neoliberaler Politik sei.[12] Demgegenüber sollte sie jedoch als genuiner Bestandteil der kapitalistischen Produktionsweise verstanden werden. Wer also von Armut und Marginalisierung redet, darf vom Kapitalismus nicht schweigen. Gleichwohl ist die *underclass* mehr als eine ›Reservearmee‹ im marxistischen Sinne. Ihre notwendige Existenz bezieht sich nicht nur auf den Bereich der Ökonomie, vielmehr hat sie eine symbolisch-gesellschaftliche Bedeutung. Für die Produktion ist sie schlicht überflüssig, jedoch stellt ihr Dasein eine doppelt wirksame Disziplinierung dar. Zum einen ist die *underclass* eine Drohkulisse und ein abschreckendes Beispiel für all jene, die selbst von Prekarität und Abstieg gefährdet sind, zum anderen bringt sie die Marginalisierung der bereits Betroffenen mit sich. Die *underclass* ist – es mag paradox klingen – im Modus ihres Ausschlusses gesellschaft-

12 Davis, Mike (2011): Planet der Slums. Berlin: Assoziation A, S. 18; 77.

lich inkludiert. Dabei bedeutet ihre Exklusion jedoch nicht, außerhalb der Gesellschaft zu stehen, sondern gleichsam negativ als Warnung, Gefahr und Bedrohung integriert zu sein. Wie sich all dies konkret darstellt, zeigt *Solidarität der Straße* eindrücklich auf.

# Einleitende Anmerkungen zur 3. Auflage (2020)

Ich habe den überwiegenden Teil der Essays in diesem Buch im Spätherbst und zum Winteranfang 2016 geschrieben. Zu jener Zeit trennte ich mich von dem Ort, der fast ein Jahrzehnt lang im Guten wie im Schlechten mein politisches Zuhause gewesen war. In vielerlei Hinsicht sind diese Essays sowohl ein Abschiedskuss als auch ein Mittelfinger an dieses alte Zuhause. Beim erneuten Durchlesen zur Vorbereitung der neusten Auflage des Buches konnte ich mich selbst dabei beobachten, wie ich mich damals zwischen verschiedenen Stadien der Trauer hin- und herbewegte. Ein Absatz kennzeichnet sich durch Wut, ein anderer durch Akzeptanz, bevor es wieder zur Wut zurückgeht. Gelegentlich fokussiert sich ein Essay aufs Verhandeln, nur um dann am Ende abrupt wieder davon abzukommen. Die Gefühle der Trauer, in die ich damals versunken war, wurden nicht nur durch die Trennung von meiner politischen Heimat hervorgerufen, sondern auch durch die Trennung von anderen Orten, die mein Zuhause gewesen waren. Die Wohnmobile meiner Irish-Traveller-Familie, das Zuhause, das sie in Lancashire aufzubauen versuchten und das Zuhause in Nottingham, das meine Mutter mir und meinen Schwestern zu bieten versuchte. Das Zuhause ohne Wände, das ich als Teenager und in meinen frühen 20ern auf den Straßen fand. Und ja, das Zuhause, das ich bei der antiautoritären Linken in Nottingham gefunden zu haben glaubte. Die Verluste dieser Orte sind ebenso miteinander verwoben wie meine Gefühle der Trauer.

Es wäre falsch zu behaupten, dass es in *Solidarität der Straße* (Originaltitel: *Chav Solidarity*) nur um Trauer geht, aber sie bildet sicherlich einen der Hintergründe. Im Mittelpunkt stehen die Enteigneten und die Toten, Menschen, mit denen ich zusammenlebte, als die neoliberale Politik auf nationaler und lokaler Ebene langsam unsere Gemeinschaften auseinanderriss. Ich versuche in diesen Essays kleine Momente des Widerstands festzuhalten, in denen Menschen einander liebten, unterstützten und sich gegenseitig auf die Beine halfen, trotz einer vorherrschenden Kultur, die von uns verlangte, dass wir aufeinander herumtrampeln. Es gibt Menschen wie ›Samantha‹ und ›MD‹, die bei ihrem Versuch zu überleben durch Transphobie, Rassismus und Armut geliebte Menschen und Teile ihrer Identität verloren haben. Und es gibt Menschen wie ›Valerie‹ und meinen Vater, die das Gaspedal durchtraten, überzeugt, dass der einzige Weg zu überleben darin bestand, ziel- und rücksichtslos zu beschleunigen, ohne darüber nachzudenken, wohin dieser Weg sie führte.

Und im Mittelpunkt des Ganzen, das kommentierend, was ich erlebt habe, stehe ich. 2018 wurde mir gesagt, dass *Solidarität der Straße* ein autoethnografisches Werk sei, also die Studie einer Gemeinschaft, durchgeführt von einem Menschen, der aus dieser Gemeinschaft kommt und sich reflexiv mit seiner Rolle als Teilnehmer und Forscher auseinandersetzt. Als sich die in diesem Buch besprochenen Geschehnisse abspielten, hatte ich natürlich keine Ahnung, dass ich darüber schreiben würde. Ich konnte nicht schreiben, also machte ich mir auch keine Notizen. Als diese Dinge passierten, verfügte ich nicht über die Sprache, um sie zu kontextualisieren, so wie ich das 20 Jahre später getan habe.

Daher basiert *Solidarität der Straße* auf Erinnerungen. Meine Perspektive ist gefärbt und geprägt von meiner Positionalität zu dem Zeitpunkt, als ich die Essays schrieb. Das Buch ist weniger aus einer Innenperspektive verfasst, sondern aus der Perspektive, diese Gemeinschaft verlassen zu haben und darüber zu trauern. Die Zahl der Toten bleibt dieselbe, die Armut bleibt dieselbe, aber als mein Freund ›MD‹, der in dem Essay »Ausgeliefert« vorkommt, das Buch las, kritisierte er mich, weil das Buch dem Ausmaß der Wut, die wir und unsere Freund:innen damals verspürten, nicht gerecht wurde. Er sagte mir, dass ich die Traurigkeit und die Erschöpfung hervorgehoben hatte, nicht aber das Feuer und die Wut. Natürlich hat er recht. Und er hätte immer noch recht, auch wenn ›Samantha‹ mir sagen würde, dass ich zu lustig, zu unbeschwert geschrieben hätte. Oder wenn ›Valerie‹ das Buch zu wütend und zu wenig lustig finden würde. Die Stimmung der Essays ist durch die Umstände zu einem sehr spezifischen Zeitpunkt meines Lebens geprägt. Heute, 2020, sind fast vier Jahre vergangen, seit ich den Großteil der Essays geschrieben habe. Das Buch wurde weitaus öfter verkauft, als ich erwartet hatte, und war schon mehrfach vergriffen. Es wurde inzwischen ins Italienische und Spanische übersetzt [und jetzt auch ins Deutsche]. Die italienische Version wurde im Frühjahr 2020, inmitten der COVID-19-Pandemie, veröffentlicht und bekam dort mehr Beachtung und Lob von der Presse als im Vereinigten Königreich. Dies ist zum Teil der Arbeit des Verlags Alegre und des Übersetzers Alberto Prunetti zu verdanken, denen ich zu großem Dank verpflichtet bin. Zweifelsohne sind die unterschiedlichen Reaktionen auf das Buch in Italien und im Vereinigten Königreich auf die unterschiedlichen Veröffentlichungsmethoden zurückzuführen.[13] Ich vermute jedoch, dass darüber hinaus meine Kritik an der Linken im Vereinigten Königreich in Italien auf weniger feindselige Ohren stößt als hierzulande.

Diese Anmerkungen zur neuen Ausgabe verfasse ich zu einem Zeitpunkt, an dem sowohl in den USA als auch im Vereinigten Königreich der Kampf gegen die *weiße* Vorherrschaft in all ihren Formen in den Mittelpunkt des gesellschaftlichen Lebens gerückt ist. Hunderttausende gehen auf die Straße und setzen alle Mittel ein, die sie in diesem Kampf für angemessen halten. Manchmal scheint es, als reagierten diejenigen von uns, die von der *weißen* Vorherrschaft profitiert haben, mit größerer Solidarität als je zuvor. Es bleibt jedoch abzuwarten, ob diese Solidarität von Dauer sein wird. Oder ob unsere Angst vor dem Verlust der unverdienten Vorteile, die uns ein genozidales Sozial- und Wirtschaftssystem gewährt, letztendlich dazu führt, dass wir es verteidigen und aufrechterhalten wollen. Ich werde keine Voraussagen treffen und kann keine Versprechungen machen. Ich weiß, dass *Anti-Blackness* und Rassismus tief verwurzelt und in allen Bereichen unseres Lebens zu finden sind. Ihre Überwindung und Zerstörung wird nicht innerhalb von Wochen oder Monaten stattfinden, noch wird es dafür ausreichen, eine Nachricht in

13 In England erschien das Buch zunächst im Selbstverlag. (Anm. d. Ü.)

den Sozialen Medien zu teilen, ein paar Bücher zu lesen oder an einigen Demonstrationen teilzunehmen. Schwarze und andere rassifizierte Menschen haben über Generationen hinweg erklärt, was es dazu braucht. Es gibt seit jeher die Möglichkeit zuzuhören und zu reagieren.

# Einleitung

Einer der Hauptgründe, warum ich all das hier schreibe, ist, dass die Art und Weise, wie die Klassengesellschaft funktioniert, am deutlichsten in alltäglichen Situationen erkennbar ist. In diesen entfaltet sich das gesellschaftliche Ganze.

Ich bin es leid, von den Gegenden, die ich am besten kenne, nichts zu hören und wenn, dann nur in Form von Verallgemeinerungen. Ich bin es leid, dass die Gegenden und die Menschen, die dort leben, verteufelt oder bevormundet werden und dass die Komplexität ihrer Lebensrealitäten vereinfacht wiedergegeben wird, um leicht konsumierbare Mythen von Verbrechen und Wohltätigkeit zu erschaffen. Ich kenne mich selbst als widersprüchlichen Menschen und meine Viertel als widersprüchliche Orte. Stark benachteiligte Gebiete im Vereinigten Königreich sind Orte des Widerspruchs. Im internationalen Vergleich mag die Benachteiligung minimal erscheinen: Es gibt sowohl fließend Wasser als auch Elektrizität und auch einen gewissen Zugang zu Bildung und moderner Technologie. Gegenüber großen Teilen der Welt handelt es sich um relativ reiche Orte. Doch ich habe mit eigenen Augen gesehen, wie Menschen auf der Straße erfrieren oder wegen kleinster Geldsummen getötet werden. Und ich habe die Verzweiflung jener gesehen, denen es nicht möglich ist, sich selbst oder ihre Kinder auf eine Weise zu ernähren, die der Staat als legitim erachtet.

Ich möchte auf diesen Seiten einen Teil dieser Komplexität und der Widersprüche darlegen, um aufzuzeigen, dass die Orte, an denen ich aufgewachsen bin, und die Menschen, die dort leben, komplizierter sind als die Stereotype von Kriminellen und Opfern und dass sie etwas anderes verdienen als Wohltätigkeit oder Bestrafung. Ich möchte dabei ehrlich sein, was für mich bedeutet, über meine Familie und über die Missbräuche zu sprechen, die sie sich und mir angetan haben. Und darüber, wie selbst etwas so Persönliches wie Kindesmissbrauch in einen politischen Kontext einzubetten ist. Es geht mir nicht darum, die Erfahrungen aller Kinder, die sexuell, physisch oder emotional missbraucht wurden, zu verallgemeinern, sondern darum, aufzuzeigen, dass die Kinder der Arbeiter:innenklasse Missbrauch ausgesetzt sind, eben weil sie in der Arbeiter:innenklasse und in armen Verhältnissen aufwachsen. Es geht mir ebenfalls darum, aufzuzeigen, dass diese Missbräuche nur eine der Erscheinungsformen von Armut und Benachteiligung sind, die durch die Klassengesellschaft hierzulande und weltweit verursacht werden.

Ich werde von Menschen erzählen, die mich geschlagen, vergewaltigt und gefoltert haben und davon, wie ihre eigene Psyche und ihr eigener Körper durch den wirtschaftlichen und sozialen Kontext, in den sie hineingeboren wurden, geschädigt wurden. Ich werde von gewalttätigen gequälten Männern erzählen und von gequälten gewalttätigen Frauen, deren Leben bereits vor dem Erwachsenenalter schwer beschädigt wurden. Sie waren nicht in der Lage, den Kreislauf zu durchbrechen und ihre Armutserfahrungen belasten sie daher viel stärker als meine mich. Ich werde davon erzählen, wie mir meine Männlichkeit und mein *Weiß*sein geholfen haben, am Leben zu bleiben, und wie diese Aspekte meiner Identität mir ermöglichten, meinen Willen gewaltsam gegenüber anderen durchzusetzen.

Meine Klassenzugehörigkeit bestimmt, wie ich die Welt sehe und wie ich mit ihr interagiere. Wie ich mit den Strukturen und Institutionen, die dieses Land prägen, interagiere und wie ich ihnen unterworfen bin. Auf welchem Weg ich mich durch sie durchgeschlagen habe und wie dieser Weg durch meine Identität als queer und cis-männlich geprägt wurde. Ich werde von meiner Zeit in Jugendstrafanstalten und Gefängnissen erzählen und von den Menschen, mit denen ich meine Zeit dort verbracht habe. Ich werde über meine Beziehung zur informellen Wirtschaft sprechen, über die Entwicklung meiner Gedankenwelt und über die Leidenschaft und das Zuvertrauen, die ich für die Gedankenwelten all jener empfinde, die am unteren Ende der wirtschaftlichen Nahrungskette stehen. Ich werde von meinen Erfahrungen mit Obdachlosigkeit erzählen und davon, wie es sich anfühlt, nun mit Menschen zusammenzuleben, die sich noch nie fragen mussten, wo sie ihre nächste Mahlzeit herbekommen. Ich werde schildern, wie ich verschiedene Verhaltensweisen der Mittelschicht angenommen und dadurch Teile meiner Identität so gründlich ausradiert habe, dass es mir unmöglich ist, sie wiederherzustellen und wieder ich selbst zu sein.

Ich werde davon erzählen, wie ich mit 23 Jahren lesen gelernt habe und wie innerhalb eines Jahres mein Leben durch die Schriften von Antonio Gramsci, Angela Davis, C. Wright Mills, George Jackson und Dorothy Allison von Grund auf verändert wurde. Ich werde darüber schreiben, wie klein und unterlegen ich mich in der Gegenwart jener fühle, die in finanzieller Sicherheit aufgewachsen sind. Denn so sehr ich mich auch bemüht habe, die kapitalistischen Denkweisen zu verlernen, glaubt ein kleiner Teil von mir immer noch, dass der Wert einer Person mit ihrer wirtschaftlichen Position verbunden sei.

Es ist unmöglich, über meinen andauernden Kampf um meine psychische Gesundheit zu schreiben, ohne die Klassenposition zu berücksichtigen, in die ich hineingeboren wurde, und die Schwierigkeiten, die damit zusammenhängen. Mein veränderter Zugang zu sozialem, kulturellem und ökonomischem Kapital hat auch meinen Umgang mit diesen Schwierigkeiten verändert.

Ich glaube, dass Klasse in Fleisch und Blut übergeht. Ich bin überzeugt, dass die Lebensrealität der Unterschicht oder der von Erwerbsarmut betroffenen Menschen im Körper nachhallt, selbst wenn man in der Lage ist, diese Schichten zu verlassen und in einer sichereren Umgebung zu leben. Diese Erfahrungen haben einen sehr realen und physiologischen Einfluss. Ich werde darüber schreiben, wie es ist, Schwänze zu lutschen, um genug Geld aufzutreiben, damit deine Schwester essen kann. Wie es ist, einer Person für Geld ins Gesicht zu schlagen, um genug Geld für Crack zu haben, das dabei hilft, für den Rest des Tages alles zu vergessen.

Ich werde versuchen, über die sozialen Bewegungen zu schreiben, von denen ich ein Teil war und über jene, zu denen ich mich jetzt zugehörig fühle. Ich werde erzählen, weshalb ich denke, dass wenn wir die patriarchale, kapitalistische Gesellschaft der *weißen* Vorherrschaft überwinden wollen, wir über Klasse sprechen und uns damit auseinandersetzen sollten, wie Klasse soziale Bewegungen prägt. Ich werde darüber schreiben, wie es heutzutage den Bewegungen im Vereinigten Königreich, die gegen Unterdrückung und Kapitalismus kämpfen, nicht gelingt, einen Raum für die Ideen und Erfahrungen von Menschen aus der Unterschicht oder von armen Arbeiter:innen zu schaffen. Darüber, wie diese Menschen zwar als Symbol für die Gewalt von Staat und Kapital genutzt werden, aber gleichzeitig als unartikuliert, ungebildet und minderwertig abgetan werden. Eines der Ziele dieses kleinen Buches ist es, die Gedankenwelten derer zu beleuchten, die in Armut leben.

Ich habe in sozialen Bewegungen die Erfahrung gemacht, dass Menschen, die aus armen oder proletarischen Verhältnissen stammen, herablassend behandelt werden und dass angenommen wird, dass sie über keine tiefgründigen oder politischen Ideen verfügen würden. Ihre Analyse wird nur dann als legitim erachtet, wenn sie die gedanklichen Normen der Mittelschicht übernehmen. Widersprüchlich ist hierbei, dass, als ich es geschafft habe, meine Sprache und meinen Umgangston daran anzupassen, nicht mehr meine Analyse als illegitim erachtet wurde, sondern meine Erfahrungen und meine Verbindung zu den Orten, an denen ich aufgewachsen bin. Weil es mir inzwischen möglich ist, so zu sprechen wie jemand aus der Mittelschicht mit einem Universitätsabschluss, klinge ich nicht mehr so, als sei ich in Armut aufgewachsen. In den Augen meiner Genoss:innen sind meine Erfahrungen dadurch weniger authentisch geworden und die Analyse jener Erfahrungen kann damit einfacher abgetan werden. Wenn mein Tonfall und meine Sprache in scheinbarem Widerspruch zu meinem Aufwachsen stehen, wird meine Analyse so lange nicht ernst genommen, bis Tonfall und Sprache entsprechend korrigiert werden.

Mir ist bewusst, dass es als stark selbstbezogen angesehen werden kann, dass ich anhand persönlicher Erfahrungen über Klasse schreibe, und als anmaßend, dass ich die Hoffnung habe, dadurch zu einer allgemeineren Wahrheit vorzustoßen. Ich versuche das Ganze so ehrlich wie möglich zu gestalten und hoffe, dass dieses Buch einige Antworten auf die Fragen gibt, die mir im Verlauf der letzten Jahre gestellt wurden.

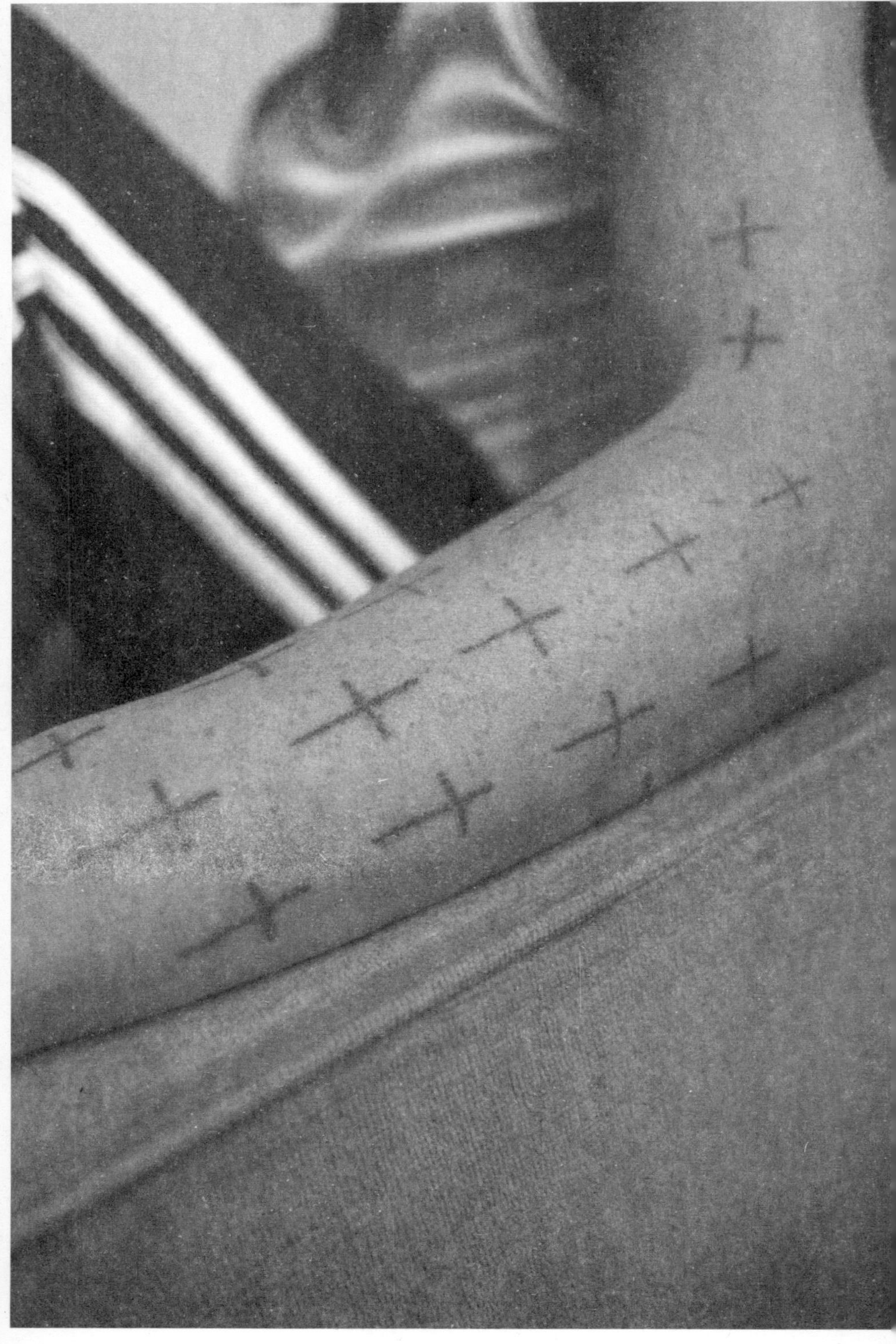

# Chav Solidarity

Wenn Leute *Chav*[14] sagen, meinen sie nur Eines. Sie mögen verschiedene Definitionen davon haben, aber sie meinen immer das Gleiche. Sie meinen Abschaum; sie meinen die, die nicht ›richtig‹ erzogen wurden; sie meinen: »halte dich von meiner Familie fern«; sie meinen kriminell und sie meinen, dass du wertlos bist und dass es deine eigene verdammte Schuld ist. Ich habe das Wort zum ersten Mal von einem Bullen gehört, der mich wegen bewaffneten Raubüberfalls verhaftete und mich als ›*chavvy twat*‹ [›*chavvy* Fotze‹] beschimpfte. Ich las damals keine Zeitungen und wusste daher nicht, wie regelmäßig das Wort Mitte der 90er-Jahre verwendet wurde. Aber irgendwann sickerte es auch zu mir durch und ich verstand, was damit gemeint war. Es bedeutet: Du bist nicht gut genug, du besitzt keine der Eigenschaften, die dich zu einem respektablen Bürger machen, du bist eine Schande, du bist ein gewalttätiger Schläger, du bist faul und dumm.

Chav war eine Abkürzung, mit der einer großen Gruppe ihre Menschlichkeit abgesprochen wurde, weil sie mit Gleichgültigkeit auf jene reagieren, die von ihrer Enteignung profitierten. Es gibt sicherlich Schlimmeres, als ein Chav genannt zu werden, doch hinter dem Begriff steckt viel mehr. Früher wurde man einfach als gewalttätig, faul, dumm und kriminell bezeichnet, was einen gewaltsamen Effekt auf die Psyche hat, wenn es einem täglich von Lehrpersonen, Sozialarbeiter:innen, Bullen und anderen Beamt:innen gesagt wird. Für mich sind Chavs Menschen, die

---

14 ›Chav‹ ist im Vereinigten Königreich eine abwertende Bezeichnung für *weiße* junge Menschen aus der Unterschicht – mitsamt den dazugehörigen Stereotypen. Im Deutschen könnte man entsprechend von ›Prolls‹ sprechen, doch das trifft den Begriff nicht genau, weil mit ›Proll‹ im alltäglichen Sprachgebrauch auch ein allgemein männlich-gewalttätiges Verhalten identifiziert wird, wobei die Klassenzugehörigkeit dabei nicht im Vordergrund steht – anders als bei dem englischen Begriff ›Chav‹. Aus diesem Grund wurde der Begriff nicht übersetzt. (Anm. d. Ü.)

im Vereinigten Königreich leben und die nach der neoliberalen Wende in den 1970er-Jahren geboren wurden. Es sind Menschen, die durch die damit verbundene Regierungspolitik traumatisiert, marginalisiert und dämonisiert wurden. Diejenigen, die sich lieber im informellen Sektor durchschlagen, weil es sie psychisch weniger belastet, als sich der Mehrheitsgesellschaft anzupassen, und die deshalb als asozial und gewalttätig abgestempelt werden.

Ich bin nun 39 und gehe auf die 40 zu und es ist lange her, dass mich jemand Chav genannt hat, um mich meiner Menschlichkeit zu berauben. Für die Menschen um mich herum bin ich eher ein Bibliothekar in Sportklamotten. Und das ist in Ordnung. Aber ich identifiziere mich noch immer mit dem Begriff des Chavs. Ich betrachte es als meine Verantwortung, ein Auge auf die jüngste Generation von jungen Menschen zu haben, die auf diese Weise bezeichnet werden. Es geht um Klasse – wenn du Chav genannt wirst, wird dir gesagt, dass du nicht zur Arbeiter:innenklasse gehörst, sondern weiter unten stehst und auch nie von dort wegkommen wirst; du gehörst für immer und ewig zur Unterschicht. Viele Essays in diesem Buch versuchen, die Menschlichkeit der Unterschicht beziehungsweise der Chav-Communitys zu beleuchten und zu zeigen, was innerhalb dieser Communitys getan werden muss, um zu überleben und sich durchzuschlagen. Sie unterstreichen, dass weder Mitleid noch Abscheu angemessene Reaktionen auf die Erlebnisse dieser Gemeinschaften sind. Vor allem habe ich versucht, die Werte der Solidarität, der gegenseitigen Hilfe und der Selbstverteidigung hervorzuheben, die in diesen Communitys existieren. Damit ihr dies nachvollziehen könnt, werde ich hierzu einige weitere Beispiele darlegen.

Bevor ich 17 wurde, hatte ich bereits mehrere Jahre in verschiedenen Jugendstrafanstalten verbracht. Das waren Käfige, in denen ich unglaubliche Einsamkeit und Verzweiflung erlebte. Das waren Orte, an denen ein Großteil meiner Wut, die sich im Laufe meines Lebens aufgestaut hatte, täglich hervorbrach und an denen ich meine Tage mit Dutzenden anderer Jungs verbrachte, die sich ähnlich fühlten. Während einer 6-monatigen Haft in einer Strafanstalt in Derbyshire lebte ich mit rund 20 anderen Jungs zusammen. Ich war 14 Jahre alt und damit einer der jüngsten und kleinsten Häftlinge. Ich hatte eine kurze Zündschnur, kannte aber niemanden. Mein einziger Besucher war ein Sozialarbeiter, der kam, um mir zu sagen, wie und warum ich dort war und was ich tun musste, um nicht erneut dort zu landen. Drinnen gab es kleine Gruppen von Jungs, die aufgrund geteilter Erfahrungen, den Städten, aus denen sie kamen, oder ihrer Hautfarbe zusammenfanden und einen starken Zusammenhalt hatten. Die Gruppen bekämpften sich ständig untereinander und rangen um die Vorherrschaft. Während einige von uns kürzere Haftstrafen absaßen, wussten andere, dass es ewig dauern würde, bis sie das Gefängnis wieder verlassen würden. Letztere waren bereit, ein größeres Risiko einzugehen, um ihre Herrschaft über die Anderen zu etablieren und innerhalb und außerhalb des Gefängnisses einen gewissen Ruf aufzubauen. Einer der ältesten Jungs, der wusste, dass er nicht vor seinem 21 Geburtstag rauskommen würde, war besonders entschlossen, beides zu erreichen. Durch seine Verbindungen nach draußen und weil er Dinge wie Turnschuhe, Gameboys und Alkohol reinschmuggeln konnte, die er den anderen Insassen verkaufte, hatte er sich ein gewisses Ansehen aufgebaut. Im Stillen wurde er allgemein verachtet, aber in seiner Gegenwart zollten die anderen Jungs ihm Respekt und einige täuschten vor, Angst vor ihm zu haben, um sich bei ihm einzuschmeicheln.

Gegen Ende des Sommers (der besonders heiß zu sein schien und aus offensichtlichen Gründen die schlimmste Jahreszeit war, um eingesperrt zu sein) entwickelte ich zu einem der Wärter eine noch angespanntere Beziehung als ohnehin schon. Er verlangte von mir, »Bitte« und »Danke« zu sagen, wenn er morgens meine Tür ent- und abends verriegelte. Nettigkeiten, die ich im besten Falle ausspuckte. Dies ging für eine gewisse Zeit so, bis ich ihm sagte, er solle sich verpissen, woraufhin er mir einen ordentlichen Schlag in den Bauch verpasste, der mich zusammenkrümmen und Blut spucken ließ. Einen Tag später stellte ich ihm in der Nähe einer Treppe ein Bein und er fiel fast hinunter. Ich wurde hart dafür bestraft und musste eine Woche lang jeden Tag die Toiletten mit einer Zahnbürste schrubben. Jeden Tag, wenn ich die Toiletten putzte, kam er herein und pisste in die Schüssel, die ich gerade reinigte, und bespritzte meine Hände und mein Gesicht. Für meine geplante Rache brauchte ich scharfes Metall und da ich aufgrund anderer Verstöße weder in die Küche noch in die Werkstatt durfte, sah ich die einzige Möglichkeit darin, den älteren Jungen mit den Verbindungen nach draußen zu fragen.

Unsere einzige Interaktion bestand im gelegentlichen Billardspiel, daher nahm ich an, dass es schwierig sein würde, ihm näherzukommen und ihn um Hilfe zu bitten. Ihm würde bewusst sein, dass ich nicht mit Geld bezahlen konnte und ich wusste, dass selbst der Versuch dieser Annäherung ohne Zahlungsmittel dazu führen konnte, dass er und seine Freunde mich zusammenschlugen. Doch während der Mittagspause sah ich ihn alleine aus dem Fenster starren und ging auf ihn zu. Er starrte mich an, lachte und sagte, dass ich verdammt lange gebraucht hätte. Am nächsten Tag überfielen er, ich und drei seiner Freunde den Wärter, hielten ihn fest und verprügelten ihn. Während er um Hilfe schrie, hielten die anderen Jungs die anderen Wärter davon ab, ihm zur Hilfe zu eilen. Sie brauchten rund 20 Minuten, um die Ordnung wiederherzustellen und bis dahin waren meine Knöchel bereits blutig und sein Gesicht violett.

Es stellte sich heraus, dass alle gesehen hatten, wie mich der Wärter behandelte und dass einige der älteren Jungs bereits darüber gesprochen hatten einzuschreiten. Der allgemeine Konsens war jedoch, dass ich mich zuerst an sie wenden und um Unterstützung bitten musste, bevor etwas unternommen würde.

Niemand in der Familie meiner Mutter hatte ›Jobs‹ im kapitalistischen Sinne des Wortes. Die meisten von ihnen arbeiteten zwar, aber es gehörte nicht zu ihrer Mentalität, in Fabriken, Läden oder Bars nachzufragen, ob es irgendwelche offene Stellen gibt. Ebenso gehörte es nicht zu ihrer Mentalität, zum Jobcenter zu gehen. Mein Großvater war der festen Überzeugung, dass er auf keinen Fall Almosen von dem Land annehmen würde, das in seinem eigenen so viel Schaden angerichtet hatte. Ich erwähne dies nicht, um Leute zu verurteilen, die staatliche Unterstützung annehmen, sondern um aufzuzeigen, wie seine Überzeugungen und die Kultur, die er seiner Familie einflößte, funktionierten.

Uns wurde beigebracht, für uns selbst zu arbeiten – keine Chefs, kein Staat. Wir sorgten auf unsere eigene Art und Weise dafür, dass wir Essen auf dem Tisch und ein Dach über dem Kopf hatten. Diese Art und Weise bestand unter anderem darin, Lastwagen auf der Autobahn zu überfallen, Vieh aus den Massentierhaltungsbetrieben um Lancashire und Yorkshire herum zu töten und zu stehlen, oder Bare-Knuckle-Boxkämpfe und Hundekämpfe zu organisieren.

Von den männlich gelesenen Menschen in der Familie wurde erwartet, dass sie dabei mithalfen, ebenso von denjenigen, die sich – wie mein Vater – in die Familie hineingefickt hatten. Als ich sieben Jahre alt war, wurde mir beigebracht, wie ich während eines Überfalls Schmiere stehe, und kurze Zeit später brachten mir meine Cousins bei, wie man einen Wagen knackt. Alle Erträge wurden kollektiviert, mit der Ausnahme, dass sich mein Großvater so viel nahm, wie er wollte. Alle anderen bekamen einen Anteil entsprechend ihren Bedürfnissen, nicht entsprechend ihren Fähigkeiten.

Einem meiner Onkel wurde großer Respekt entgegengebracht für das viele Geld, das er der Familie einbrachte, aber er selbst lebte in einer 1-Zimmer-Wohnung, in der es lediglich eine Matratze und einen Fernseher gab. Dies wurde anerkannt, aber nie hinterfragt. Im Gegenteil: Es wurde als Beispiel dafür angebracht, wie wir alle sein sollten. Nur weil du viel Geld verdienst, bedeutet das nicht, dass du auch viel brauchst. Ich bin mir sicher, dass mein Onkel genug zu Essen und Trinken hatte, aber im Gegensatz zu einigen seiner Geschwister führte er ein sparsames Leben. Das Geld floss stattdessen an die Onkel und Tanten mit Kindern, sodass diese nicht zu kurz kamen. Ein Bruder meiner Großmutter war in einer Einrichtung untergebracht, von der alle sagten, sie sei ein »Top-Spezialort für Spastiker«, weil die Familie seinen physischen und psychischen Bedürfnissen nicht gerecht werden konnte, sie ihn aber auf keinen Fall in einer billigen und dreckigen Einrichtung vor sich hinvegetieren lassen wollte.

Natürlich gab es Unterschiede. Mein Großvater nahm sich aus dem gemeinsamen Topf alles, was er wollte, und ich bin mir sicher, dass er sagen würde, dass er dazu auch jedes Recht hatte, weil er ja auch für alle anderen die Verantwortung getragen habe. Ebenso war er ein gewalttätiger und missbräuchlicher Mensch, der es Außenstehenden erlaubte, seine Familie zu missbrauchen und zu vergewaltigen, wenn es ihm nützte. Doch die

Kultur der Kollektivierung, die er uns beibrachte, war für uns dennoch real. Wenn eine Cousine oder ein Cousin etwas bekam, wurde es, ohne eine Sekunde zu zögern, geteilt. Nichts wurde für später aufgespart; nichts war persönliches Eigentum. Da meine Mutter sich nicht um mich und meine Schwestern kümmern konnte, wurden wir als vorübergehende Waisen angesehen, die im Haus des Familienoberhauptes schliefen. Mein Großvater musste keine direkte Verantwortung für uns übernehmen. Zu seiner Kultur gehörte, dass jedes Familienmitglied, das dazu in der Lage war, Verantwortung dafür übernahm, dass wir Essen, Klamotten und alles Zusätzliche hatten, das aufgebracht werden konnte.

In den frühen 1990er-Jahren in Radford, einem Stadtteil von Nottingham, zu leben, war nicht immer leicht. Der Staat machte es sich zur Aufgabe, Communitys wie unsere zu zerstören. Die Armut war groß und viele Menschen waren wütend. Doch es gab auch immer wieder Momente, in denen die Nachbar:innen zusammenstanden. Wir fanden Wege, um klarzumachen, dass, wenn wir schon gefickt werden würden, wir nicht auch noch das Gleitgel dafür bereitstellen würden.

Ein typisches Beispiel dafür ist ein Vorfall, an dem Freund:innen von mir – ein zwölfjähriger Junge und seine dreizehnjährige Schwester – beteiligt waren. Die beiden lebten bei ihrer Tante und deren Freund, der ernsthafte Drogen- und Alkoholprobleme hatte. Onkel und Tante waren nicht in der Lage, sich groß um meine Freund:innen zu kümmern, und ebenso wie ich meine Mutter nicht dafür verurteile, so verurteile ich auch sie nicht. Die Geschwister verbrachten ihre Tage damit, zu tun, was sie wollten. Sie gingen zur Schule, wenn sie ohne viel Aufwand ein warmes Essen haben wollten, oder sie schwänzten die Schule, wenn sie jemandem die Brieftasche klauen wollten, um sich davon ein Happy Meal zu kaufen. Mein Leben war ihrem sehr ähnlich, aber im Gegensatz zu mir waren die beiden ruhig und sanftmütig. Sie waren nie in Schlägereien verwickelt und wenn Erwachsene sie komisch anschauten, schrien sie ihnen nicht ins Gesicht. Ich bezweifle, dass sie jemals die Fensterscheibe eines Geschäfts einschlugen, wenn sie am Tag zuvor darin beim Stehlen erwischt worden waren. Der Bruder ging sogar alleine jeden Sonntag in die Kirche. Er sagte, es sei der friedlichste Ort der Welt. Ich sah die beiden an den meisten

Tagen und zumindest einmal in der Woche verbrachten wir den ganzen Tag zusammen. Sie hatten noch andere Freund:innen, ebenso wie ich, wir waren also nicht unzertrennlich oder so. Aber wir wohnten sehr nah beieinander, was uns zusammenschweißte.

Eines Tages saß ich an der Ecke Bentinck Street und Peveril Street und trank mit einigen Sexarbeiter:innen, die gerade Mittagspause machten, und einem großen Kerl namens Malcolm, mit dem ich mehrere Jahre lang eng befreundet war, als die beiden auf uns zugerannt kamen. Der Bruder schrie, Panik stand ihm ins Gesicht geschrieben, und seine Schwester klammerte sich an seinem Arm fest und sagte ihm, dass sie zurück nach Hause gehen müssten. Er erzählte, dass sie vom Flur außerhalb ihrer Wohnung aus drei Männer mit Baseballschlägern und Eisenstangen gesehen hätten. Darauf seien sie geflüchtet und hätten schreiend nach Hilfe gesucht. Malcolm dachte nicht nach, sondern rannte direkt zur Wohnung, die Sexarbeiter:innen und wir drei Kinder hinterher.

Wir rannten zu dem Hochhaus, die fünf Stockwerke hoch, den Flur hinunter und in die Wohnung, deren Tür inzwischen aus den Angeln hing. Ich war einige Schritte hinter Malcolm und dem Bruder. Als ich in die Wohnung kam, sah ich, dass der Onkel am Kopf blutete und die Tante in der Ecke schrie, während ein Mann sie mit einem Baseballschläger an die Wand drückte. Malcolm drückte einen zweiten Mann zu Boden und der Bruder schien Schatten zu boxen, während ein dritter Mann mit einem Baseballschläger nach ihm schlug. Es wurde viel geschrien, aber nichts, das viel Sinn ergeben hätte.

Die zwei Sexarbeiter:innen rannten auf den Mann zu, der die Tante gegen die Wand drückte. Die erste bekam einen so harten Schlag ab, dass ihr ein Zahn aus dem Mund flog, während die zweite ihm ihren Kopf in seine Brust rammte. Auch ich stürzte mich auf ihn, wodurch er zu Boden fiel und Tritte gegen den Kopf und in die Eier bekam. Der Onkel war inzwischen wieder auf den Beinen und half seinem Neffen dabei, den dritten Mann in Schach zu halten. Malcolm war es anscheinend leid, auf dem Mann zu sitzen und entschied sich, ihn aufzuheben und nach draußen zu befördern – jedoch nicht durch die Tür, sondern durch das Fenster. Draußen hielt er ihn über die Brüstung und verlangte lautstark die Aufmerksamkeit aller Anwesenden. Alle gehorchten irgendwie. Malcolm verkündete, dass er den Mann fallen lassen würde, wenn sie sich nicht verpissen würden. Die Männer taten, wie ihnen geheißen, doch Malcolm ließ ihren Freund trotzdem fallen (er landete einen Balkon weiter unten).

Wir verbrachten die nächsten Stunden damit, die Tür zu reparieren, die Schnitte und Prellungen zu verarzten und Strongbow und Whiskey zu trinken. In dieser Nacht schlief Malcolm auf dem Boden in der Wohnung. Wir erzählten den Nachbar:innen, was passiert war, und dass die Männer zurückkommen könnten. Die meisten sagten, dass sie Ausschau halten und mit anpacken würden, falls sie etwas sehen sollten. Das war, was man tat – man passte aufeinander auf, auch angesichts von Männern mit Baseballschlägern.

Die Männer waren Kredithaie. Menschen, die versuchten, etwas Geld zu verdienen, indem sie die Armut ausnutzen, unter der Communitys landauf und landab litten und die von einer Regierung und einem Wirtschaftssystem verursacht worden war, gegen die wir oft nicht das Gefühl hatten, uns zur Wehr setzen zu können. Doch in Zeiten wie diesen lernte ich, dass Selbstverteidigung gegen jene mit mehr Macht möglich ist und dass wir, die einmal ganz unten gelebt haben, am besten dazu in der Lage sind.

Diese Momente der kollektiven Organisierung und des Widerstands wurden von Menschen am Rand der Gesellschaft umgesetzt. Ich selbst habe Hunderte dieser Momente erlebt und ich kann nur vermuten, wie viele weitere während meines Lebens im ganzen Land stattgefunden haben. Die daran Beteiligten werden von der Mehrheitsgesellschaft pathologisiert und dämonisiert, sie werden als kaputte Menschen dargestellt, die nach dem Bild rechtschaffener Bürger:innen einer kapitalistischen Gesellschaft neu zusammengesetzt werden müssen.

Ich widerspreche dem. Ich denke, dass diese Menschen und die Momente, die sie erschaffen, der Grundstein für eine bessere Gesellschaft sein sollten. Ich weiß nicht, wo viele der Menschen, über die ich gesprochen habe, heute sind. Ich weiß, dass sie gegen die anhaltenden Angriffe des transnationalen neoliberalen Prozesses und dessen Handlanger angekämpft haben und dass dies einen großen Schaden in ihren Köpfen und ihren Herzen hinterließ. Daher werden viele von ihnen nicht mehr zu gegenseitiger Hilfe, zu Selbstverteidigung und Solidarität – also zu kollektivistischem Denken – in der Lage sein. Aber natürlich wird es auch viele geben, die dazu noch immer in der Lage sind und die bei ihrem Versuch, emotional, psychisch und materiell zu überleben, auf die Hilfe anderer Menschen angewiesen sind.

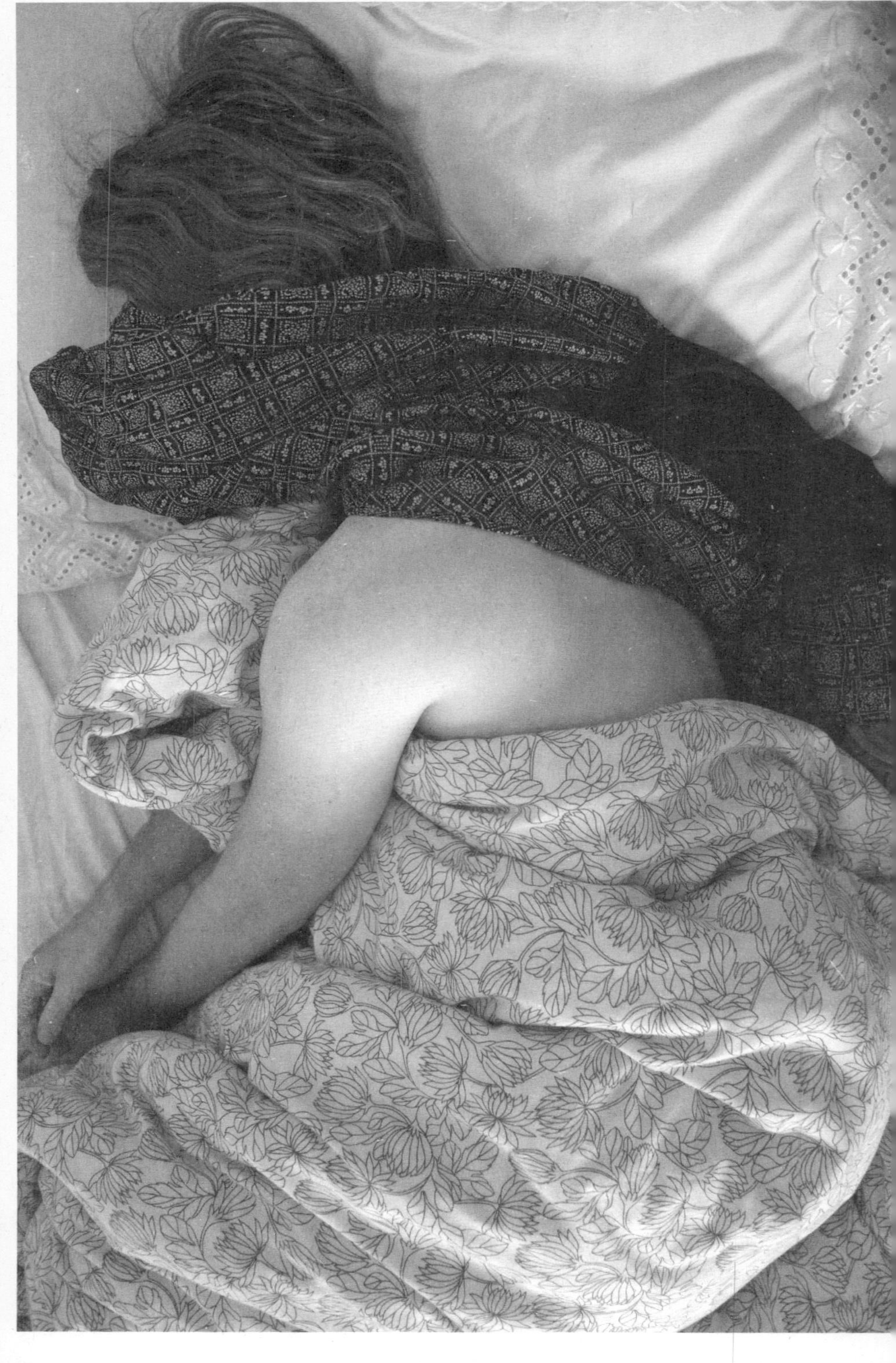

# Komfort und Wahnsinn

Ich schreibe aus einer einigermaßen komfortablen Position – sowohl in materieller als auch in mentaler Hinsicht. Ich hangle mich zwar von Gehaltsscheck zu Gehaltsscheck, aber ich habe geregelte Arbeitszeiten, genügend Arbeitsrechte und ein Einkommen, das mir einen gewissen Handlungsspielraum ermöglicht. Ich bin psychisch stabil genug, um diese Essays zu schreiben – was vor einigen Jahren unmöglich gewesen wäre. Ich schreibe in dem Wissen, dass ich von Menschen umgeben bin, die sich eine Zeit lang um mich kümmern würden, sollte sich meine psychische Gesundheit verschlechtern. Ich kann nicht mit Bestimmtheit sagen, für wie lange. Aber sollte ich krankheitsbedingt meinen Job verlieren, würden sie vielleicht ein oder zwei Monate lang meine Miete übernehmen, mich ein oder zwei Monate lang in ihrem Wohnzimmer schlafen lassen und vielleicht für sogar noch längere Zeit dafür sorgen, dass ich etwas zu essen habe. Aber irgendwann wäre das vorbei. Irgendwann würden sie erwarten, dass ich mir die Hilfe, die ich benötige, vom Staat hole, sie würden hoffen, dass sich mein Zustand verbessert, aber ehrlich gesagt weiß ich nicht, ob das irgendwann eintreten würde.

Einige meiner Freund:innen waren während der wirklich schlimmen Zeiten für mich da. Sie standen vor meiner Tür, wenn ich sie darum bat, manchmal aber auch nur, weil sie dachten, ich könnte Hilfe gebrauchen. Ohne sie wäre die Wahrscheinlichkeit sehr viel geringer gewesen, dass ich heute hier bin und dies schreibe. Sie waren bei mir, als ich aggressiv, übergriffig und traumatisiert war – und ich bin selbst in guten Zeiten nicht der einfachste Mensch. Leute kamen und gingen, manche haben sich stets im Hintergrund gehalten, während andere fast durchgehend in der unmittelbaren Schusslinie standen. Ohne diese Menschen würde ich nicht aus dieser einigermaßen komfortablen Position heraus schreiben.

Es mag offensichtlich sein, dass nicht alle denselben Rückhalt erhalten haben wie ich. Viele müssen sich durchschlagen, egal was passiert. Wenn sie es nicht tun, landen sie auf der Straße. Sie hangeln sich ebenfalls von Gehaltsscheck zu Gehaltsscheck, aber wenn sie auf Hilfe angewiesen sind, dann für eine kürzere Zeitspanne als ich, denn die Leute, die sie unterstützen, leben genauso prekär wie sie.

Das Beste im Menschen konnte ich immer dann beobachten, wenn sich arme Menschen um andere arme Menschen gekümmert haben. Doch das wird immer schwieriger, weil in der Kultur, in der wir leben, immer mehr Wert auf Individualismus und immer weniger auf Gemeinschaft gelegt wird, was mit einem Wirtschaftssystem einhergeht, das jeden Monat mehr und mehr Druck auf arme und einkommensschwache Menschen ausübt. Die Kombination dieser zwei Aspekte verstärkt das psychische Leid derer, die oft ohnehin schon viel zu viel durchmachen mussten.

Beim Schreiben dieser Zeilen blitzen die Gesichter von Menschen in meinem Gedächtnis auf, die ich in meinen späten Teenagerjahren und frühen 20er-Jahren kannte: vielfältige Bekanntschaften, was *Race*, Geschlecht und Alter angeht. Was sie jedoch vereinte, war, dass sie aus Familien mit (wenn überhaupt) niedrigem Einkommen kamen und dass sie in ihnen schwer zu kämpfen hatten. Sie wurden obdachlos, weil man in ihren Familien nicht mit ihnen zurechtkam oder weil sie es selbst bei ihnen nicht mehr aushielten. Sie schlugen sich jahrelang auf der Straße durch, wurden zeitweise von anderen wie ihnen unterstützt, verloren den Kontakt zueinander, stritten miteinander, gaben sich gegenseitig Rückhalt. Auch wenn die Gesichter wieder verschwimmen, ist mir klar, dass genau in diesem Augenblick andere Menschen ein ähnliches Schicksal erleiden und ihr Leben dabei außer Kontrolle gerät. Ihnen wird keine warme Mahlzeit und kein warmes Bett angeboten, bis sie wieder auf die Beine kommen. Sie werden von Menschen verurteilt, die einfach nur froh sind, nicht in ihrer Lage zu sein.

Unter diesen Bedingungen werden ihnen tiefgreifende psychische Verletzungen zugefügt, die danach unbehandelt bleiben. Die Verletzungen häufen sich, eine auf der anderen, sie überschneiden sich, bis nur noch ausgefranste Nerven übrigbleiben. Sichere Räume, in denen über solche Themen offen gesprochen werden kann, sind rar. Die Verletzungen werden ignoriert, nicht weiter behandelt und von Straße zu Straße, von Zimmer zu Zimmer geschleppt, während sich die Betroffenen auf ihr materielles Überleben konzentrieren. Gelegenheiten, um zusammenzusitzen, zu reden und ein Verständnis für diese Verletzungen zu entwickeln, sind kaum existent. Noch seltener gibt es Gelegenheit, um die Verletzungen wirklich verheilen zu lassen. Wie soll es also – ohne einen sicheren Raum zum Nachdenken zu haben – möglich sein, darüber zu sprechen, was es mit dir macht, bespuckt zu werden, während man an einer Straßenecke im Schlafsack liegt oder man nach Essen in den Mülltonnen einer McDonalds-Filiale sucht?

Das Trauma wird verdrängt. Nicht nur sind viele nicht in der Lage, dies zu thematisieren, es wird zusätzlich von ihnen erwartet, dass sie ihr Verhalten regulieren. Wenn ihnen das nicht gelingt, sorgen staatliche Institutionen dafür, dass sie es tun. Sie stochern in ihrer Psyche herum, verursachen neue Traumata und reißen alte wieder auf. Um das zu vermeiden, versuchen viele, ihr Verhalten durch Alkohol und Drogen zu regulieren. Sie betäuben sich – sowohl geistig als auch körperlich. Genau das tat meine Mutter und es ist auch das, was ich selbst getan habe. Viele finden Wege, um ihr Verhalten selbst zu regulieren, denn sie wissen, dass sie ihre Autonomie verlieren würden, sobald der Staat einschreitet. Ohne eine Community, auf die sie sich verlassen können, bleiben ihnen nur zwei Optionen: Selbst- oder Fremdbeherrschung. Entweder geben sie vor, dass sie alles selbst unter Kontrolle haben, oder sie verlassen sich auf den Staat, der den Kontext für die Entstehung ihrer Probleme überhaupt erst geschaffen hat. Wenn sie gegenüber jenen, die die Macht haben, sie einzusperren, nicht vorgeben können, dass sie ihre Probleme unter Kontrolle haben, müssen sie zumindest so tun, als würden sie sich auf die Standards zubewegen, die die mit Macht über sie festgesetzt haben.

Die Stigmatisierung psychischer Probleme hat im Laufe der Jahre abgenommen. Es wird mittlerweile darüber gesprochen, auch wenn immer noch nicht genug dagegen unternommen wird. Psychische Erkrankungen werden als die häufigste Todesursache unter jungen Männern genannt und letztes Jahr konnte man auf den Titelseiten der Zeitungen lesen, dass mehr junge Menschen an psychischen Problemen leiden als jemals zuvor. Der Einzug dieser Thematik in den öffentlichen Diskurs ist etwas Positives, aber es erschreckt mich ehrlich gesagt zutiefst, dass die Gesellschaft sich weigert anzuerkennen, selbst mitverantwortlich für die Verschlechterung des psychischen Gesundheitszustands so vieler Menschen zu sein.

Ich habe es satt, dass sich viele Leute nicht damit auseinandersetzen, auf welche Weise psychische Gesundheit rassifiziert und klassifiziert wird. Es sollte allen, die einen psychischen Leidensdruck verspüren, umfassende Unterstützung zuteilwerden, aber allzu oft liegt der Fokus auf den Depressionen und Angststörungen von *weißen* Menschen aus der Mittelschicht. Das liegt einerseits daran, dass die Art und Weise, wie sich Depressionen und Ängste von Menschen aus der Arbeiter:innenklasse und aus armen Verhältnissen manifestieren, als unangenehm und anstrengend angesehen wird. Aus diesem Grund wird ihr Leiden oft als individuelles Versagen betrachtet und damit verharmlost. Andererseits liegt es daran, dass *weiße* Menschen aus der Mittelschicht, unabhängig von ihrer mentalen Verfassung, dazu neigen, ihre Erfahrungen in den Mittelpunkt von Diskussionen über psychische Gesundheit zu stellen – zum Nachteil anderer Betroffener.

Ich sollte nicht darauf hinweisen müssen, dass überproportional viele People of Colour (PoC) zwangseingewiesen werden und dass das kapitalistische System den größten psychischen Druck auf diejenigen ausübt, die am wenigsten ökonomische Macht besitzen. Ich sollte nicht darauf hinweisen müssen, dass Leute aus der *weißen* Mittelschicht viel eher mit den nötigen sprachlichen Ressourcen ausgestattet sind, um ihre psychischen Probleme artikulieren zu können, und dass die Unterstützung, die sie erfahren, ihre Selbstermächtigung zum Ziel hat, während die Unterstützung, die andere erhalten, häufig Selbstbestimmung geradezu unmöglich macht. Ich sollte nicht auf all das hinweisen müssen, und doch muss ich es immer wieder.

Die psychische Verfassung meiner Mutter war von Anfang an desolat. Sie war eine minderjährige Mutter, die von ihrem eigenen und von meinem Vater vergewaltigt worden war. Vor ihrem 18. Lebensjahr hatte sie bereits fast ebenso viel Zeit in der Psychiatrie wie auf der weiterführenden Schule verbracht. Die Aufenthalte dort schienen ihr manchmal etwas Erholung zu verschaffen, es reichte aber nie, um sie wirklich wieder aufzubauen, und jedes Mal, wenn die Zeit rum war, wurde sie wieder in genau die gleichen Verhältnisse entlassen, aus denen sie gekommen war. Sie wurde regelmäßig von ihren Kindern getrennt und als sie schließlich vor ihrer Familie floh und ihre Kinder mitnahm, strandete sie in einer Stadt, in der sie niemanden kannte und wo sie es nicht schaffte, Hilfe zu finden. Wir lebten zu viert in einem Auto, meine Schwestern schliefen auf der Rückbank, ich auf dem Beifahrersitz und meine Mutter auf dem Fahrersitz. Um etwas Geld zu verdienen, ließ sie sich von Männern auf der Motorhaube des Autos ficken, während die Mädchen darin schliefen und ich in den Mülltonnen der umliegenden Geschäfte nach weggeworfenen Lebensmitteln suchte. Sie trank ständig, um ihren Kummer zu betäuben, und in den 18 Monaten, in denen wir so lebten, brach sie nur selten zusammen. Ich habe sie nie in einem besseren Zustand erlebt, doch in vielerlei Hinsicht war sie unfähig zu funktionieren. Wir gingen nicht zur Schule und verbrachten unsere Tage damit, in Geschäften zu klauen und in Parks zu spielen. Manchmal schloss sie sich uns an und rannte mit der Unbekümmertheit eines Kindes durch die Gegend, als würde sie versuchen, die Kindheit zurückzugewinnen, die ihr entrissen worden war. Nachdem sie schließlich wegen eines vermeintlichen Angriffs auf einen ihrer Freier verhaftet wurde, (der Freier behauptete, sie hätte ihn auf seinem Abendspaziergang überfallen), schaltete sich das Sozialamt ein. Wir wurden mehrere Monate lang in eine Unterkunft gesteckt und in die Schule geschickt. Meine Mutter landete wieder in psychiatrischen Institutionen und anderen sozialen Einrichtungen, wo sich ihre psychische Verfassung weiter verschlechterte. Sie war wochenlang nicht in der Lage zu sprechen. Nur gegenüber den Sozialarbeiter:innen, die sie befragten und nach Antworten suchten, versuchte sie, sich mitzuteilen, auch wenn es ihr nicht gelang.

Ihr fehlte die richtige Sprache, um zu beschreiben, was in ihrem Kopf vor sich ging. Sie begriff es selbst kaum. Als wir irgendwann in eine Sozialwohnung in Radford zogen, gab es viele Nächte, in denen ich nach Hause kam und sie zusammengerollt und mit sich selbst sprechend in der Mitte des Zimmers vorfand. Sobald ich sie ansprach, zischte sie mich an. Kurz darauf stand sie wieder auf und konnte mir nicht erklären, was in ihr vorgegangen war, sie konnte nicht in Worte fassen, was gerade geschehen war. Ich habe später durch meine eigenen Erfahrungen verstanden, dass sie höchstwahrscheinlich Flashbacks hatte, möglicherweise in Verbindung mit akustischen und visuellen Halluzinationen, bei denen ihre traumatischen Lebenserfahrungen, oder vielleicht die traumatische Erfahrung, am Leben zu sein, sie überwältigten und es ihr unmöglich machten, sich in der Gegenwart zu verorten.

Weil ihr die nötige Sprache fehlte, fokussierten sich die psychiatrischen Dienste darauf, lediglich ihr Verhalten zu behandeln. Es wurde oft versucht, sie mit Medikamenten ruhigzustellen, aber glücklicher war sie, wenn sie sich selbst mit Drogen und Alkohol ruhigstellte. Wenigstens lachte sie dabei, wenigstens konnte sie wild durch das Haus tanzen, wenigstens konnte sie unter Menschen gehen, auch wenn sie durch all das völlig unfähig war, sich um drei kleine Kinder und ein neugeborenes Baby zu kümmern. Sobald sie ihre Medikamente nahm, saß sie betäubt auf dem Boden ihres Schlafzimmers und stand nur auf, wenn ein Freier kam, um sie zu ficken. Doch egal mit welchen Mitteln sie ruhiggestellt wurde, hin und wieder versuchte sie, sich umzubringen, und wir, ihre Kinder, wurden für eine Weile in Obhut genommen. Jedes Mal wurde uns gesagt, dass Mama sich nur ausruhe und dass sie ins Krankenhaus gehe, um wieder gesund zu werden. Jedes Mal, wenn wir wieder vereint waren, sah sie noch müder und kränker aus als je zuvor.

Ich weiß, dass meine Mutter ein Extremfall war, ihr Leben war über weite Strecken grausam und brutal. Wie sie darauf reagierte, ist, zumindest für mich, völlig verständlich, aber die Wahrheit ist, dass ich im Laufe der Jahre viele Frauen getroffen habe, die ihr ähnlich sind. Frauen, die stark genug sind, um zu überleben und um von Zeit zu Zeit einen Teil des Schmerzes wegzulachen, Frauen, die Gewalt durch Männer und die ›fürsorgliche‹ Hand des Staates erlebt haben, der abgesehen von ihrer Arbeitskraft nur ein geringes Interesse an ihnen hat. Einige von ihnen sind gestorben, andere haben sich durch reine Willenskraft wieder aufgerappelt.

Ich hatte das Glück, für einige Monate in einer verlassenen Fabrik mit zwei solchen Frauen zusammenzuleben. Eine von ihnen hatte mich unter einem Baum gefunden, nachdem ich bei einer Schlägerei niedergestochen worden war, und mich in ihren Unterschlupf in der Fabrik gebracht, um die Wunde zu reinigen und zu verarzten. Sie hatten zwei große Zeltplanen zusammengenäht und damit an der einzigen Wand, die nicht mit Löchern übersät war, eine kleine Höhle gebaut. Beide Frauen lebten seit ihren Teenagerjahren auf der Straße und waren mittlerweile Anfang zwanzig und Anfang dreißig. Sie waren heroinabhängig und überlebten durch Taschendiebstähle im Stadtzentrum. Die ältere der beiden, die mich unter dem Baum gefunden hatte, hatte eine Zeit lang als Sexarbeiterin gearbeitet, wodurch sich ihre psychischen Probleme nur verschlimmert hatten. Sie entschloss sie sich daher, andere Fähigkeiten zum Überleben zu entwickeln. Beide verfügten über ein großes Netzwerk von Menschen – mit und ohne Obdach –, mit denen sie Emotionales und Materielles teilten. Ich befand mich damals auf dem Höhepunkt meiner Crack- und Crystal-Meth-Abhängigkeit. Ich war vor einem Jahr aus dem Gefängnis entlassen worden und schwer angeschlagen: Ich konsumierte und stahl ohne Ende, um meine Sucht zu befriedigen. Ich blieb tagelang wach und schlief dann an irgendwelchen Orten ein, mein Körper war übersät mit blauen Flecken, die wie aus dem Nichts auftauchten. Ich hatte ständig Knochenbrüche und ich war unfähig, irgendwelche überlebensnotwendigen Beziehungen aufzubauen. Die beiden halfen mir ohne ersichtlichen Grund wieder auf die Beine. Sie erwarteten weder, dass ich clean würde, noch, dass ich Arbeit fände, oder sonst irgendwas, was man von mir hätte erwarten können. Stattdessen sorgten sie dafür, dass meine Wunde sich nicht infizierte und dass sie genügend Zeit hatte, um zu heilen. Wenn sie genügend Geld hatten, versorgten sie mich mit dem, was ich brauchte, um gesund zu bleiben, und als ich wieder fit genug war, um mich frei zu bewegen, schickten sie mich weiter. Ich sah beide hin und wieder und hörte dann, dass die jüngere Frau gestorben war, nachdem sie von einem Auto angefahren worden war. Allerdings sah ich die beiden, nachdem mich diese Nachricht erreicht hatte, nie wieder, also habe ich keine Ahnung, was wirklich passiert ist.

Doch es gab auch von extremer Gewalt gekennzeichnete männliche Personen, die sich, auf ihre ganz eigene Art und Weise, um mich kümmerten. Einer meiner ersten Zellengenossen in einer Jugendstrafanstalt war so jemand: Ein fünfzehnjähriger migrantischer Junge, der aus psychiatrischen Gründen, die er mir nicht erklären konnte, stark medikamentiert war. Er war spindeldürr und hatte eine große Bindehautwucherung in seinem linken Auge. Er verbrachte seine Zeit allein und vermied den Kontakt mit den anderen Jungs. Zwei Monate lang teilten wir uns ein Etagenbett und wechselten nicht mehr als ein Dutzend Worte. Ich war immer noch vom Rassismus meines Vaters geprägt und fest entschlossen, allen um mich herum zu beweisen, wie gefährlich ich war. Eines Tages ging ich den Flur zwischen der Küche und dem Duschraum entlang, als ich einen Schlag auf den Hinterkopf bekam. Ich prallte auf den Boden und wurde in eine Besenkammer geschleppt, wo ich von drei anderen Jungs und einem Billardstock vergewaltigt wurde. Sie ließen mich mit einer Gehirnerschütterung in der Besenkammer zurück, mein Mund voller Blut, Sperma und Zähne. Als ich versuchte, mich aufzurichten und gleich wieder zusammensackte, kam mein Zellengenosse in die Kammer. Er hatte eine Schüssel, einen Becher mit Wasser und ein Tuch dabei. Er kniete neben mir nieder und bot mir Wasser an, ohne ein Wort zu sagen. Ich schob seine Hand beiseite. Er wartete. Er verstand, dass ich es nicht gewohnt war, Hilfe von anderen anzunehmen. Er wartete einige Minuten und schaute mich nur gelegentlich an, wenn ich vergebens versuchte, mich aufzurichten. Die meiste Zeit starrte er aber auf den Boden. Als er mir erneut das Wasser hinhielt, spülte ich damit meinen Mund aus und spuckte es in die Schüssel. Er blieb bei mir, während ich das Ganze einige Male wiederholte. Dann stand er auf, reichte mir etwas Toilettenpapier aus seiner Tasche und ging. Das ist keine Geschichte darüber, wie ich lernte, weniger rassistisch zu sein – dieses Gift blieb weiterhin in mir. Nach diesem Vorfall habe ich ihn vermutlich mehrmals beschimpft, vor allem wenn er im Schlaf schrie. Eines Nachts wurde er weggebracht. Ich habe nie erfahren, was mit ihm passiert ist und es dauerte ein weiteres Jahrzehnt, bevor ich überhaupt wieder an ihn dachte. Aber er zeigte Mitgefühl, er sorgte sich um mich, weil er in diesen wenigen Minuten dazu in der Lage war, unabhängig davon, was sonst in seinem Kopf vor sich ging. Er konnte seine eigenen Traumata beiseiteschieben und einer Person die Hand zu reichen, die ihn sonst nur mit Verachtung gestraft hatte.

Das, was es so schwer macht, Traumata zu überwinden, ist nicht nur die Armut. Es ist das Leben in einer Gesellschaft, in der materieller Reichtum verherrlicht wird und die darauf ausgerichtet ist, dass alle an ihrem eigenen Reichtum arbeiten. Das, was sie geschafft haben anzuhäufen, schützen sie dann mit allen Mitteln. Es ist das Leben in einer Gesellschaft, in der die Karten ungleich verteilt sind, was all das angeht. Diese Gesellschaft, die so wenig Verantwortung für die unzähligen Schläge übernimmt, die sie den Arbeiter:innen und Armen verpasst, kriminalisiert dann die Art und Weise, wie diese damit umgehen. Wenn die hiesigen sozialen Bewegungen in der Arbeiter:innenklasse und unter armen Menschen an Relevanz gewinnen wollen, muss sich die Haltung derjenigen ändern, die besser dazu in der Lage sind, ihre psychischen Bedürfnisse und Wünsche zu artikulieren.

Das beinhaltet beispielsweise zu verstehen, dass nicht jeder Raum bloß für Mittelschichts-Aktivist:innen ›sicher‹ sein muss. Das bedeutet auch, dass diejenigen von euch, die den sozialen Bewegungen einen zentralen Platz in ihrem Leben eingeräumt haben – anstatt auf andere herunterzuschauen, weil sie nicht dasselbe tun –, sich fragen, wo ihr stehen würdet, wenn ihr euch ständig um euer materielles Überleben sorgen müsstet und dabei unentwegt traumatisiert würdet.

# Gebrochene Körper, wütende Jungs

Ich bewege mich schnell auf das mittlere Alter zu und doch lässt es mich noch immer nicht los, wie mein Körper erzogen wurde. Von meiner Familie, meiner Community und von der Gesellschaft. Die Handlungen anderer haben mich geformt und alles, was ich tue, sage oder schreibe, ist eine Antwort auf diese Handlungen. Ich kann nicht behaupten, dass irgendetwas an mir rein individuell ist. Vielleicht sind wir diesbezüglich alle gleich. Im Laufe der Jahre wurde mir oft vorgeworfen, dass ich zu wütend sei. Dass ich eine dunkle Wolke sei, die über dem Glück, den Freundschaften und der Liebe anderer schwebe. Mir wurde vorgeworfen, passiv-aggressiv zu sein, dass meine Wut aufblitze, selbst wenn ich kontrolliert und angemessen kommuniziere, und dass ich mich nicht klar, offen und ehrlich ausdrücke. Am häufigsten aber wurde mir vorgeworfen, wütend zu sein.

Ich entgegnete dann, dass ein Blick auf den Zustand der Welt genüge, um wütend zu sein. Darauf erwiderte man mir, ich solle mir meine Freundschaften und die Community, der ich angehöre, anschauen. Da gäbe es so vieles, für das ich dankbar sein könne. Natürlich haben beide Seiten recht. Aber es ist so verdammt schwer für mich, den zweiten Teil zu fühlen. Ich kann ihn zwar gedanklich nachvollziehen – und ich gehe davon aus, dass dies schon die halbe Miete ist –, aber mein Körper ist immer noch angespannt und wird Woche für Woche müder und ausgelaugter.

Ich erinnere mich an Zeiten, in denen mein Körper nicht angespannt war und jede Bewegung sich frei anfühlte – beim Fußballspielen als Kind. Nicht, als ich in einer richtigen Mannschaft spielte, in der Erwachsene die Regeln bestimmten, sondern als ich mit anderen Jungs im Park spielte und wir mit rudernden Armen und Beinen durch den Waldpark rannten. Harter Körperkontakt zeichnete unser Spiel aus. Wir zogen uns immer neue Verletzungen zu, wir stritten und versöhnten uns, während wir versuchten, all die Tricks auszuprobieren, die wir im Fernsehen gesehen hatten, als Flanken, Schüsse und Paraden auf uns niederprasselten. Stoßen, schubsen, rutschen und rangeln, der erste richtige Schweiß, der unsere Rücken hinabrann, Shirts, die vom Novemberschlamm an der Haut klebten. Ich wartete immer auf der linke Seite, bis der Ball in meine Richtung kam – gefolgt von einigen Jungs, die dem Ball und mir hinterherjagten. Ich rannte weiter und benutzte meine Arme, um den Ball vor den anderen abzuschirmen. Ich rannte und spürte, wie meine Füße mit jedem Schritt auf den Boden knallten, wie nasse Rasenfetzen gegen meine nackten Beine spritzten. Ich spürte die Füße, Knie, Arme und Schultern der anderen Jungs, die mich aufzuhalten versuchten. Manchmal wurde ich zu Boden geworfen, manchmal schoss ich ein Tor, manchmal ließ ich mich nach hinten fallen, spielte einen Pass und spürte dann, wie es mich von den Beinen riss. Das Endergebnis spielte jedoch kaum eine Rolle. Was zählte, war der Prozess selbst: die Bewegung, das Wetter, die Schmerzen, die Lungenflügel, die sich zusammenzogen, und das Herz, das wie wild schlug – nicht aufgrund von Angst oder Schrecken, sondern lachend und in freudiger Erregung. Wenn ich damals gewusst hätte, dass es einige Jahrzehnte dauern würde, bis ich mich wieder so verbunden mit meinem Körper fühlen würde, hätte ich wohl versucht, diese Momente mehr zu genießen.

Als ich 14 Jahre alt war, lernte ich eine Frau namens Samantha kennen. Sie war in ihren 40ern und hatte den Großteil ihres Lebens in Nottingham verbracht und dabei meistens in einfachen, schlecht bezahlten Jobs gearbeitet. Sie hatte nach Abschluss der A-Levels[15] mit 18 die Schule verlassen und davon geträumt, an der Universität zu studieren. Sechs Monate lang holte sie mich jeden Montag an der Ecke Mansfield/Forest Road ab und zahlte mir 50 Pfund, wenn ich die Nacht mir ihr verbrachte. Samantha war als Steven geboren worden. Ihr Wunsch, an die Universität zu gehen, war ihr von ihrem Vater genommen worden, als er erfuhr, dass sie sich als Samantha einschreiben wollte. In den meisten Nächten, die ich mit ihr verbrachte, tranken wir Wodka auf Eis und sie erzählte mir immer wieder, wie ihr das Leben geraubt worden war, das sie für sich geplant hatte. Als Samantha 16 Jahre alt und immer noch als Steven bekannt war, war sie für einen Abend nach Derby gereist und hatte ihren Eltern erzählt, dass sie bei Freund:innen übernachten würde. Auf der Bahnhofstoilette in Derby hatte sie sich umgezogen und war zu Samantha geworden. Ihren eigenen Worten nach hatte sie wie das britische Model Twiggy ausgesehen, mit Bleistiftrock und Bob-Frisur. Sie war in die Clubs gegangen, von denen sie die älteren Geschwister ihrer Freund:innen hatte reden hören, und in einem davon hatte sie einen älteren Mann getroffen. In der ersten Nacht hatte er ihr Drinks gekauft, in der zweiten und dritten Blumen und Schmuck. Er hatte sie mit auf Partys mit eleganten und stilvollen Menschen genommen und sie am Schluss nach Hause gefahren. Samantha erzählte, dass er ein Gentleman gewesen sei, er aber mit der Zeit mehr gewollt habe als nur einen kurzen Gutenachtkuss. Doch sie hatte sich ihm verweigert und gesagt, dass sie katholisch sei und Sex vor der Ehe ablehne. Er hatte erwidert, dass es andere Dinge gebe, die sie tun könnte.

Ihre Beziehung hatte beinahe zwei Jahre gehalten. Sie hatte sich stark ins Zeug für die Schule gelegt und sich ein- bis zweimal die Woche mit ihm getroffen. Die restliche Zeit hatte sie ihrer Mutter im Haushalt geholfen, Zeit mit ihrem Vater bei den Fußballspielen von Notts County

15 Entspricht dem Abitur und ist in Großbritannien neben dem *International Baccalaureate* der höchste Schulabschluss. (Anm. d. Ü.)

verbracht und ihre Hunde im Brestwood Park spazieren geführt. Mit einem Glas Wodka in der einen und einer Kippe in der anderen Hand lag sie auf dem Boden und erzählte mir, wie sie Zuhause versucht hatte, so gut wie möglich der Steven zu sein, den ihre Mutter und ihr Vater kannten. Währenddessen hatte sie ihr wahres Ich als Samantha ausgelebt, wenn sie mit ihrem Freund zusammen war. Sie hatte sich zurückhalten müssen, da er nichts von Steven wusste und sie, so sehr sie ihn auch in sich wollte, nicht daran glaubte, dass er akzeptieren würde, wer sie gewesen war.

Als sie sich später an einer Universität in London beworben hatte und angenommen worden war, hatte sie gedacht, dass sie dort endlich sie selbst sein könnte und nie mehr einen Teil ihrer Identität vor irgendwem zu verstecken bräuchte. Eines Abends hatte der ältere Mann sie nach Hause gefahren und am Straßenrand angehalten, wie er es immer tat. Sie hatten sich geküsst und sie ihm einen geblasen. Er hatte gesagt, dass er nicht länger warten könne, sie auf den Autositz gedrückt und seine Hände unter ihren Rock geschoben. Es waren Schläge in den Bauch und ins Gesicht gefolgt, bis sie vor Schmerzen ohnmächtig geworden war. Als sie wieder zu Bewusstsein gekommen war, hatte er sie an den Haaren zum Haus ihrer Eltern gezogen. Es war dunkel und ruhig in den Straßen gewesen. Er hatte gegen die Tür gehämmert und ihre Mutter hatte geöffnet. Er hatte sie hineingeworfen und zu ihrer Mutter gesagt: »Das ist deins.« Samantha konnte sich nicht daran erinnern, dass ihr Vater runterkam, aber sie erinnerte sich, wie sein Gürtel auf sie niedergeprasselt war. Immer und immer wieder. Sie erzählte mir dies jedes Mal, erst mit Tränen in den Augen, dann emotionslos. In jener Nacht hatte ihre Mutter ihre Tasche gepackt und sie in ein Hotel im Stadtzentrum gefahren. Sie hatte das Hotel für eine Woche im Voraus bezahlt und ihr gesagt, dass sie ab jetzt auf sich selbst gestellt sei.

Natürlich bezahlte mich Samantha nicht für mein aktives Zuhören und meine Empathie. Das wäre verschwendetes Geld gewesen. Sie bezahlte mich, um mich mit einem Gürtel schlagen zu können; um mich mit demselben widerwärtigen Scheiß anzubrüllen, den sie sich von ihrem Vater hatte anhören müssen. Sie lebte seit über 20 Jahren mit dieser Nacht in ihrem Körper und selbst als sie Steven weiter und weiter zurückließ, war es ihr nie möglich, sich selbst von dieser Nacht und der Art und Weise zu befreien, wie andere ihr ihren Körper wegnahmen. Sie erlebte viele weitere schlimme Nächte in den ersten Jahren, in denen sie alleine war und in denen sie Samantha war. In den Nächten, die wir zusammen verbrachten, verstand ich nur sehr wenig von ihr. Sie war eine der ganz wenigen weiblichen Freierinnen, aber es war nicht ungewöhnlich, dass mir die Leute dabei ihre Lebensgeschichten anvertrauten. Viele Männer verspürten den Drang, ihre Gründe dafür zu teilen, warum sie Zeit mit einem Teenager in einer Gasse, einem Hotelzimmer oder nackt auf dem Rücksitz eines Wagens verbrachten; sie wollten loswerden, was und wer sie dorthin gebracht hatte. An einige dieser Geschichten kann ich mich gut erinnern, über andere könnte ich kaum mehr als einen Satz verlieren.

Ich traf Samantha 2008 wieder. Als ich in Hyson Green zufällig eine gemeinsame Bekanntschaft traf, erzählte diese mir, dass Samantha im Krankenhaus läge. Sie hätte Krebs in Magen, Leber und Pankreas und daher nicht mehr lange zu leben. Ich ging sie besuchen und verbrachte zwei Wochen lang jeden Tag eine Stunde mit ihr. Sie erzählte mir, dass ich der dritte und letzte Junge gewesen sei, den sie mitgenommen und mit dem sie solche Nächte verbracht habe. Sie erzählte, dass alle diese Jungs ähnlich gebaut gewesen seien wie sie damals als Steven und dass sie sich niemals von ihm habe befreien können, ohne Jungs zu verprügeln, die ihm ähnlich sahen. Sie hätte darüber nachgedacht, mich umzubringen, weil ich, anders als die anderen Jungs – und anders als Steven –, dabei nicht geweint hatte. Sie sagte, ich hätte sie der Fähigkeit beraubt, sich von ihrer Vergangenheit zu befreien. Ihre Haut war gelb und die selbst zugefügten Narben zierten ihre Gliedmaßen wie Herbstblätter einen Park. Ich saß dort und hielt ihre Hand. Nicht aus Güte oder Mitgefühl, sondern weil ich wusste, dass ich nie weit davon entfernt sein würde, so wie sie zu werden. Sie bat mich um Verzeihung und ich sagte ihr, dass es nichts zu verzeihen gäbe, weil ich ihr nichts vorzuwerfen habe.

Früher redete sie und wir tranken und sie tat, was sie tun musste, aber wir lachten auch, tanzten und erzählten uns gegenseitig schmutzige Witze und Geschichten. Zwei Jahrzehnte später lag sie im Sterben und sie brauchte jemanden, der ihre Scham zur Kenntnis nahm und miterleben konnte, wie sie sich davon befreite. Wir trafen uns an zwei verschiedenen Zeitpunkten unseres Lebens und in den Jahren dazwischen hatte ich mich in vielerlei Hinsicht verändert. Zu beiden Zeitpunkten brauchte sie etwas von mir. Nicht wegen meiner selbst, sondern wegen der symbolischen Bedeutung, die sie auf mich projizierte, und weil sie wusste, dass ich sie nicht abweisen konnte.

Sie starb an einem Sommerabend alleine im Krankenhaus. Eine Handvoll Freund:innen nahm an ihrer Beerdigung teil, mich eingeschlossen. Nur der Priester widmete ihr einige Worte. Ich trank Whisky mit einem ihrer Nachbarn und er erzählte mir, dass er und Samantha sich einmal die Woche zum Essen verabredet hätten und alle zwei Wochen für einen Quizabend in einen Pub gegangen seien. Sie hätten auch darüber gesprochen, gemeinsam irgendwo ins Warme zu verreisen, aber das sei nie zustande gekommen. Während ich mit ihm sprach, einem einsamen Mann in seinen 60ern ohne Familie und nur wenigen Freund:innen, wurde mir bewusst, dass er einer der wenigen Menschen war, zu denen Samantha versucht hatte, Kontakt zu halten. Ich weiß nicht, ob sie Liebhaber:innen waren. Ich vermute es, aber ich hielt es nicht für nötig, nachzufragen. Was zählte, war, dass sie für eine kurze Zeit etwas aneinander hatten und dass sie sich dabei nicht verletzten. Sie schützten sich gegenseitig vor Verletzungen. An dem Abend, als wir Samantha beerdigten, begleitete ich ihn nach Hause und er war wackelig auf den Beinen. Als wir uns vor seiner Haustüre verabschiedeten, küsste er mich. Ich erwiderte für einen kurzen Moment den Kuss, schob ihn dann aber sanft von mir weg. Er lächelte und entschuldigte sich, bevor er ins Haus ging.

Warum erzähle ich das? Und was hat das mit Klasse zu tun? In traditionellem Sinne hat es nichts mit Klasse zu tun. Die Anzahl junger Menschen, die in der Sexindustrie Englands arbeiten, ist viel zu hoch, aber es handelt sich immer noch lediglich um ein Bruchstück der Bevölkerung. Wenn aber auch die Menschen berücksichtigt werden, die sexuell missbraucht wurden, wird diese Zahl weitaus bedeutender und düsterer. Die Zahl wird noch höher, wenn auch jene miteinbezogen werden, deren Körper und Selbstwahrnehmung aufgrund ihrer Geschlechtsidentität oder Sexualität angegriffen werden. Ich weiß nicht, wie viele Menschen es braucht, um von einer Klasse sprechen zu können. Natürlich gehören nicht alle Menschen, die traumatischen körperlichen Erfahrungen ausgesetzt waren, derselben ökonomischen Schicht an, obwohl es einen gewissen Zusammenhang zwischen Kindheitstraumata und späterem Einkommen gibt. Sowohl auf globaler als auch auf nationaler Ebene ist jedoch klar ersichtlich, dass die Mehrheit der Kinder in der Sexindustrie in ihren jeweiligen Ländern den untersten ökonomischen Schichten angehören. Was die globale Ebene anbelangt (auf die ich angesichts mangelnder Kenntnis hier nur flüchtig eingehe), so veröffentlichte UNICEF 2005 einen Bericht, demzufolge jährlich 2 Millionen Kinder in der globalen Sexindustrie ausgebeutet werden. Diese Zahlen sind aber nur schwer verifizierbar und eine flüchtige Recherche ergibt eine Vielzahl verschiedener Statistiken.

Vielleicht sind Zahlen aber auch gar nicht so wichtig. Was zählt ist, dass die Verursacher:innen von Traumata nicht ausschließlich böse Menschen sind, sondern selbst das Ergebnis einer Klassengesellschaft, in der einigen Menschen ihre Menschlichkeit geraubt wird, damit wir, was die kollektive Psyche anbelangt, besser mit den massiven Ungleichheiten leben können, die in unserer Gesellschaft bestehen. Sobald dies einmal getan wurde, kann es immer und immer wieder getan werden, und wenn es dir selbst angetan wurde, ist es einfacher, es auch anderen anzutun. Wir finden alle möglichen Gründe, um eine andere Person als etwas weniger menschlich als uns selbst zu betrachten und es ist noch einfacher und verheerender, wenn es sich dabei um Menschen handelt, die ökonomisch, sozial und kulturell unter uns stehen; seien es Kindersexarbeiter:innen, Transfrauen, die in einer Verpackungsfabrik arbeiten, oder einsame Alkoholiker:innen, die durch ihre Elendsviertel nach Hause torkeln. Unsere Körper werden durch Klassenverhältnisse gebrandmarkt – Körper von Menschen mit weniger Kapital sind weniger wert und deshalb sind wir diejenigen, deren Körper auseinandergenommen, gekauft und verkauft, eingesperrt und freigelassen werden können, ohne dass es irgendwen wirklich interessiert.

Ich denke, dass die schwierige Frage, die sich mir stellte und noch heute stellt und die sich auch Samantha und vielen anderen Menschen, über die ich hier schreibe, stellt, ist, wie man sich selbst wiederaufrichtet, wenn andere einem die eigene Menschlichkeit geraubt haben. Vor einem Jahrzehnt glaubte ich nicht, dass ich selbst die Werkzeuge besäße, um mich wiederaufzurichten, aber ich hatte zumindest ein Fünkchen Hoffnung, dass ich mich von meiner Vergangenheit befreien könnte. Die Menschen, die mich liebten und sich um mich kümmerten, gaben mir einige dieser Werkzeuge mit auf den Weg und darum gelingt es mir auch jetzt noch, an diesem Fünkchen Hoffnung festzuhalten. Zweifellos war dies – auch wenn ich letztendlich selbst dafür die Verantwortung trage – ein kollektiver Prozess, der nur durch die Solidarität meiner Mitmenschen möglich war.

Samantha wurde von ihrer Familie verstoßen und musste ihre eigene Geschlechtsidentität mit den wenigen Ressourcen bewahren, die sie hatte. Sie hatte keine finanzielle Unterstützung, kein soziales Sicherheitsnetz und nur sehr wenig kulturelles Kapital. Nach dem traumatischsten Abend ihres Lebens wurde sie auch noch verstoßen. Sie baute sich ein Leben auf, so gut sie konnte, und knüpfte Kontakte zu Menschen, die Jahrzehnte überdauerten. Sie überlebte, und davor habe ich den tiefsten Respekt. Ich frage mich, wie es wäre, mit ihr im Waldpark Fussball zu spielen, gemeinsam mit schlammverschmierten Gesichtern dem Ball hinterherzujagen, uns gegenseitig zu Boden zu werfen und Tore zu schießen. Mit dem Ball an unseren Füßen hätten wir den Geschichten ausweichen können, die unsere Körper erzählen. Wir hätten sie mit unserem eigenen Selbst füllen und uns – auch wenn nur für ein paar Sekunden – frei und fähig fühlen können, die Liebe in unser Leben zu lassen.

When he got home
fucking BASTARD

fucking Bastard

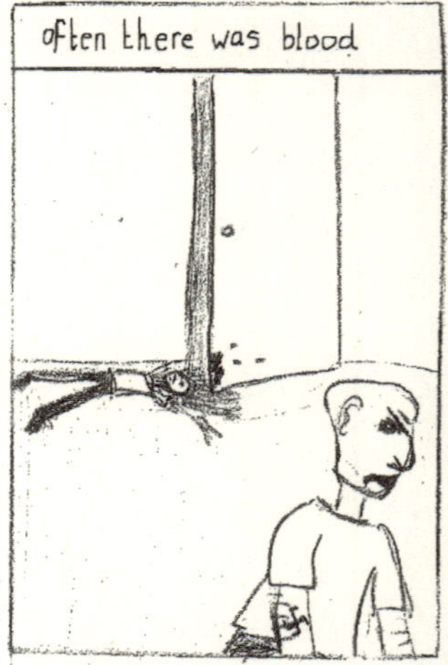
often there was blood

pile of shit

on Sundays I Played football

I Was pretty good.
GOAL!

on Sundays My Dad Played football too.

With my mum's head...

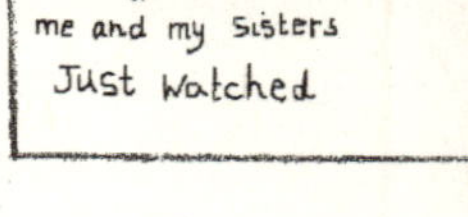
me and my sisters Just Watched

I Wanted to do Something. Sometimes I dreamed about doing Something.

WHACK!

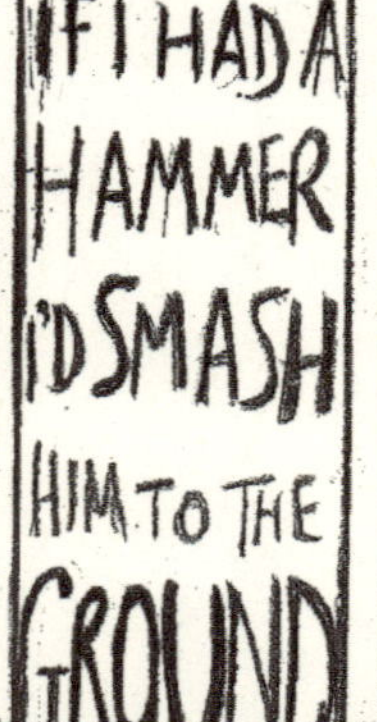
IF I HAD A HAMMER I'D SMASH HIM TO THE GROUND

Sometimes he'd just disappear. We Wouldn't see him for Weeks or months. We'd wait for him by the door. Mum would be on the Floor.

# Wo finden wir Halt?
# Vom Überlebenskampf zum Widerstand

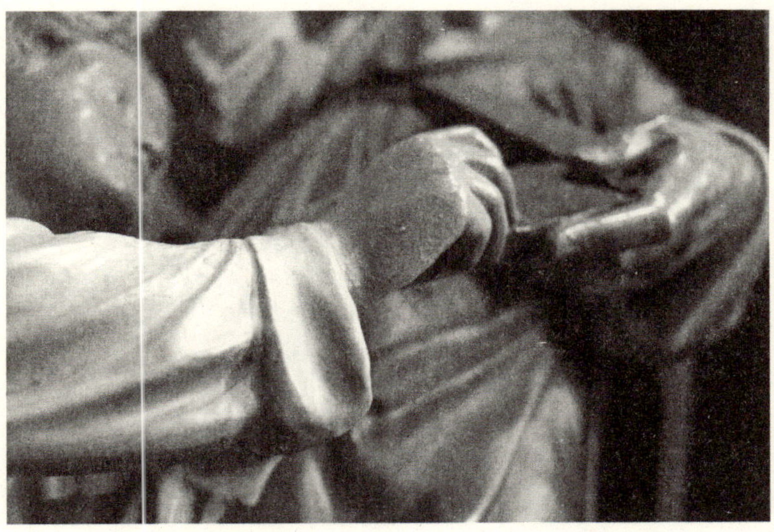

Das erste Mal, als ich für Sex bezahlt wurde, war ich zehn, das letzte Mal 15. Drei Jahre lang war das die Haupteinnahmequelle in unserem Haus, bis ich mich traute, Leute auszurauben und Drogen zu verkaufen. Auch meine Mutter prostituierte sich, aber die Einnahmen daraus flossen meistens in Alkohol, Heroin oder in die Taschen des Zuhälters, der sie gerade ausnutzte. Deshalb musste ich einen eigenen Weg finden, um dafür zu sorgen, dass ich etwas zu essen hatte, dass meine Schwestern etwas zu essen hatten und dass wir die Schulkleidung und den Strom bezahlen konnten. Die ersten Male wurde ich von meiner Mutter zur Prostitution gezwungen. Ihre psychische Verfassung verschlechterte sich 1991 so drastisch, dass sie oft Männer mit nach Hause brachte, nicht um selbst gefickt zu werden, sondern damit sie mich fickten. Es war manchmal nicht klar, ob die Männer wussten, dass sie einen 10-jährigen Jungen statt eine 25-jährige Frau ficken würden – schlussendlich schien es ihnen aber egal zu sein. Ich war kein hübscher Junge. Ich war ein ziemlich komisch aussehendes Kind, genauso wie ich jetzt ein komisch aussehender Erwachsener bin. Ich duschte nur, wenn sich wer über meinen Geruch lustig machte. Meine Klamotten stahl ich meistens aus der Altkleidersammlung und sie rochen nach Zigaretten und Feuchtigkeit. Ich war auch kein gehorsames Kind. Ich verpasste einem Erwachsenen eher eine Ohrfeige, als dass ich ihm ein unschuldiges Lächeln schenkte, aber ich hatte eine hohe Schmerzgrenze und dazu eine noch größere Fähigkeit, mich von dem zu distanzieren, was mit mir geschah. Darum ergab es einen gewissen Sinn, meinen Arsch für Geld zu verkaufen. Als ich das erste Mal von zu Hause weglief (ein paar Tage nach meinem 11. Geburtstag), traf ich andere Kinder, die dasselbe taten, und beschloss, dass ich meiner Mutter keine weitere Chance geben würde, mich anderen Männern anzubieten – ich wollte selbst entscheiden, wie und vom wem ich gefickt würde.

Alle ein bis zwei Wochen kamen Leute vom Sozialamt zu uns nach Hause, um nach uns zu sehen. Sie wollten sich vergewissern, dass weder mein Vater noch ein anderer Mann bei uns eingezogen war und dass die psychische Verfassung meiner Mutter stabil genug war, dass sie sich um mich und meine drei Schwestern kümmern konnte. Jede Woche kamen andere Sozialarbeiter:innen vorbei – das war zumindest mein Eindruck. Es mag nicht stimmen, ist aber zumindest ein Hinweis darauf, wie begrenzt der Einfluss der Sozialarbeiter:innen auf mich war. Die Einzigen, an die ich mich wirklich erinnere, sind diejenigen, die vorbeikamen, wenn wir in Obhut gegeben wurden, und die, die bei den Polizeivernehmungen neben mir saßen, wenn ich verhaftet wurde. Anlässe dazu gab es genug, sei es, weil ich einem Rentner ein Holzbrett über den Kopf gezogen hatte, weil ich mit einem gestohlenen Auto in einen fremden Garten gefahren war – oder sonst irgendwas.

Mir wurde schon früh das Gefühl vermittelt, dass niemand mich beschützen würde. In der Familie meiner Mutter herrschte ein starkes Gefühl von ›Wir gegen den Rest der Welt‹. Als wir sie hinter uns ließen, realisierte ich, dass ich es von nun an alleine mit der Welt aufnehmen musste, und ich hoffte, dass ich eines Tages vielleicht Glück haben und Leute finden würde, die mir wirklich Halt gäben.

Als wir nach Nottingham zogen, verschwand dieses Gemeinschaftsgefühl für eine Weile, und erst als ich begann in Arboretum, Radford und Mapperley auf der Straße krumme Dinger zu drehen, traf ich Leute, eigentlich Kinder, die mir den Rücken freihielten. Sie waren keine Freund:innen, sie waren Arbeitskolleg:innen. Wir unterstützten uns gegenseitig; nicht weil wir uns mochten, sondern weil wir jung waren und wussten, dass unser Leben sehr schnell sehr unangenehm werden konnte, wenn wir nicht aufeinander aufpassten – das machten wir uns alle gegenseitig klar.

Zwei Tage nachdem ich das erste Mal von zu Hause weggelaufen war und ich unter einem Baum im Waldpark geschlafen hatte, versuchte ich einen Mann im Rollstuhl auszurauben. Ich sah, wie er sich allein durch den Park bewegte. Es war dunkel und ich dachte, es könnte mir gelingen. Ich rannte mit einem kleinen Messer in der Hand hinter ihm her, doch bevor ich ihn bedrohen konnte, schwang er seinen Rollstuhl in meine Richtung und schleuderte mich zu Boden. Ich weiß nicht mehr genau, was er zu mir sagte, aber er schaffte es ziemlich schnell, seine Hände fest um meinen Hals zu legen. Er gab mir unmissverständlich zu verstehen, dass er mich auf der Stelle umbringen würde, wenn ich ihm nicht einen blasen würde. Keine Ahnung, ob er es wirklich getan hätte, aber in diesem Alter fiel es mir schwer, das zu beurteilen. Er drückte seinen Schwanz in meinen Mund und bewegte meinen Kopf auf und ab, bis er abspritzte. Danach hob er meinen Kopf hoch und drückte ihn gegen seine Stirn. Einen Augenblick später sah ich ihn auf dem Boden liegen, seinen Rollstuhl gut einen Meter entfernt und drei Kinder, etwas älter als ich, die auf ihn eindroschen. Ich beobachtete die Szenerie für einige Minuten auf dem Boden liegend, bis ein Mädchen sich umdrehte und zu mir herüberkam. Sie bot mir ihre Hand an, half mir auf, und zeigte auf den Mann am Boden. Ich verstand, dass ich dem Typen ein paar ordentliche Tritte verpassen sollte.

Ich verbrachte die nächsten ein oder zwei Wochen mit diesen Kindern, bis ich von der Polizei festgenommen wurde, nachdem ich in eine Schlägerei geraten war und ein Messer dabeihatte. Den folgenden Monat verbrachte ich in einem Jugendheim, bevor ich wieder zu meiner Mutter gebracht wurde. Den größten Teil des nächsten Jahres verbrachte ich bei ihr. Fast jede Nacht war ich auf der Straße unterwegs, verkaufte meinen Arsch und trank. Ich war nie mit genau denselben Kindern unterwegs, aber es gab eine Art erweiterten Kreis von ca. 20 Kindern, die im Wesentlichen selbstständige Kinderprostituierte waren. Ohne einen Erwachsenen, der das Geld aufbewahrte oder uns vor den Freiern schützte, waren wir selbst für unsere Sicherheit verantwortlich. Die Nacht, in der der Mann im Rollstuhl verprügelt wurde, war ein Beispiel dafür, dass diese Kinder wussten, wie wichtig es ist, Probleme im Keim zu ersticken – ansonsten könnten die Freier auf die Idee kommen, alles mit uns machen zu können.

Es gab zudem eine starke Straßenloyalität. Wir passten nicht nur aufeinander, sondern auch auf andere Kinder oder Frauen auf, die, im Gegensatz zu uns, Zuhälter:innen hatten. Unsere Organisationsform war sehr simpel: Wir zogen in Dreier- und Vierergruppen los und blieben auf den Straßen und in Parks in Sichtweite zueinander. Wenn wir einen Freier hatten, signalisierten wir mit unseren Händen, wie lange wir ungefähr weg sein würden – jedes Öffnen der Hand bedeutete fünf Minuten. Wir notierten uns die Kennzeichen der Autos, in denen unsere Arbeitskolleg:innen verschwanden, und versuchten, uns die Gesichter der Männer genau zu merken (es waren fast immer Männer).

Mindestens einmal pro Woche versuchte uns irgendwer anzugreifen. Manchmal waren es die Eltern oder Geschwister von einem oder einer aus unserer Gruppe, andere Male Erwachsene, die uns unser Geld wegnehmen wollten. Aber auch ältere Kinder oder Teenager auf der Suche nach dem schnellen Geld, Betrunkene, Obdachlose und natürlich Polizist:innen (meist, aber nicht immer, außer Dienst) legten sich mit uns an. Oft waren es jedoch die Freier, die dachten, sie könnten unsere prekäre Situation ausnutzen. Sobald irgendwer von uns angegriffen wurde, rannten die anderen mit geballten Fäusten auf die angreifende Person los und schlugen ihr auf den Rücken und den Kopf. Wir waren bloß Kinder, die gegen Erwachsene kämpften. Daher gelang es uns meistens nur, die Schläge der Angreifer:innen mehr oder wenig gleichmäßig unter uns zu aufzuteilen. Doch ab und zu waren wir siegreich und bescherten ihnen eine Tracht Prügel. Je öfter wir das taten, desto sicherer fühlten wir uns, und je sicherer wir uns fühlten, desto unwahrscheinlicher schien ein erneuter Angriff. Die meisten von uns hatten ein Jahrzehnt lang heftige Prügel von unterschiedlichen Leuten kassiert und erwarteten nicht, dass dies irgendwann aufhören würde. Wenn eine:r von uns nicht bezahlt oder übermäßig von Freiern geschlagen wurde (mehr als vereinbart), fanden wir einen Weg, um uns zu rächen. Wir setzten ihre Autos in Brand, raubten ihre Häuser aus und verwüsteten sie während sie bei der Arbeit waren, wir schickten Briefe an ihre Arbeitsplätze, riefen bei ihnen zu Hause an, um mit ihren Partner:innen und Kindern zu sprechen. Doch meistens versuchten wir einfach, ihnen den Kopf einzuschlagen.

Wir waren wütende, nichtsnutzige Kinder, die niemand den eigenen Eltern vorstellen wollen würde. Wir waren abgehärtet und kalt, und wir weigerten uns, uns auf irgendwelche staatlichen Interventionen einzulassen. Die meisten von uns hatten Erfahrungen mit Kinderheimen, Pflegefamilien, Verhaftungen, Gerichten hinter sich, und niemand von uns fühlte sich wohl in der Schule. Ob die Sozialarbeiter:innen, Pflegeeltern, Betreuer:innen, Polizist:innen, Anwält:innen oder Lehrer:innen nett waren oder es gut mit uns meinten, spielte keine Rolle. Was uns während der Begegnungen mit ihnen klar war, war, dass sie nicht auf unserer Seite standen, dass sie versuchten, unsere Überlebensstrategien zu unterbinden, und dass sie uns ein Leben aufzwingen wollten, das ihren eigenen Vorstellungen entsprach. Rückblickend kann ich einerseits sagen, dass wir womöglich ein einfacheres oder sogar besseres Leben gehabt hätten, hätten wir uns in den darauffolgenden Jahrzehnten unseres Lebens auf sie eingelassen. Andererseits sind die gesammelten Erfahrungen und die Fähigkeiten, die ich entwickelt habe, für mich noch immer relevant. Ich glaube, die Fähigkeit, sich unter besonders gefährlichen Verhältnissen zu organisieren und auf möglichst einfache Art und Weise effizient zu kommunizieren, sowie die Bereitschaft, diejenigen zu schützen, mit denen wir verbunden sind, bilden die Grundlage für die effektive Organisierung von Arbeiter:innen und von von Armut Betroffenen. Wenn wir dazu nicht in der Lage sind (aus verschiedenen Gründen fällt es mir heute viel schwerer), dann werden unsere Organisationsformen schwach und einfacher niederzuschlagen sein.

Zweifellos hatten diese Jahre schwerwiegende Auswirkungen auf meine psychische Gesundheit – einige davon waren tatsächlich positiv. Ich gehe davon aus, dass dies die ersten verlässlichen Beziehungen meines Lebens waren, die erste Phase meines Lebens, in der andere nicht nur sagten, sie stünden hinter mir, sondern es regelmäßig bewiesen. Ein Leben mit mehreren engen, vertrauensvollen Beziehungen, wie ich es heute führe, wäre ohne diese Erfahrungen unmöglich gewesen. Doch waren dies nicht nur verlässliche Beziehungen, es waren auch Beziehungen mit Menschen von unterschiedlichster kultureller Herkunft und mit unterschiedlichster Geschlechtsidentität, darunter auch solche, deren Geschlechtsidentität fluide war. Für jemanden wie mich, der das erste Jahrzehnt seines Lebens in einem abgeschirmten *weißen* Umfeld verbracht hatte, in der Geschlechterrollen äußerst starr waren und Sexualität nicht zur Debatte stand, war dieser Lebensabschnitt augenöffnend und zutiefst prägend. Es wäre unaufrichtig, zu behaupten, dass mein Klassenbewusstsein erst in dieser Zeit entstanden wäre, denn damit würde ich den rassistischen und patriarchalen Familien, aus denen ich komme – die jedoch sowohl Bonzen als auch den Staat verachteten – nicht gerecht werden. Doch auch wenn es Jahrzehnte dauerte, bis mir bestimmte Zusammenhänge klar wurden, war es dennoch die Zeit, in der sich mein Klassenbewusstsein auf markante Art und Weise weiterentwickelte und mein Verständnis von Unterdrückungsmechanismen umfassender wurde, auch wenn mir dafür noch die richtige Sprache fehlte.

In den letzten Jahren habe ich eng mit vielen jungen Leuten aus meiner Nachbarschaft zusammengearbeitet; Heranwachsende, deren Kindheit sich in vielerlei Hinsicht von meiner eigenen unterscheidet. Auch bei ihnen spielt Loyalität eine wichtige Rolle, wenn sie auch stark von ethnischer, *racial* und geschlechtlicher Zugehörigkeit geprägt ist. Das wäre bei mir nicht anders gewesen, wäre ich unter ähnlichen Umständen aufgewachsen. Dass sie zu einer gemeinsamen Klasse gehören, ist oft nicht ersichtlich und in den Momenten, in denen ihre gemeinsame Klassenzugehörigkeit sichtbar gemacht wird, wird sie dennoch häufig durch Xenophobie und die Frage des Aufenthaltsstatus einer Person überschattet. Das ist keineswegs überraschend. Staat und Kapital spalten die Arbeiter:innenklasse und arme Communitys seit jeher durch migrationsfeindliche Rhetorik und Politik. Hinzu kommt, dass kulturelle Praktiken und Konsum die Klassenzugehörigkeit zusätzlich verschleiern. Ich will damit keineswegs sagen, dass es für diese Kinder von Vorteil wäre, dasselbe durchzumachen wie ich. Sie haben immer noch die Möglichkeit, eine Selbstliebe zu entwickeln und ihren Körper zu verstehen, und es wird ihnen hoffentlich leichter fallen, die Menschen um sie herum zu lieben und nachts Schlaf zu finden. Meine Freund:innen und ich fanden Wege, auf unsere eigene Weise zu überleben, als uns die Erwachsenen und die Gesellschaft im Stich ließen. Dass einige von uns überlebt haben, ist daher selbst schon ein Erfolg, der uns allein zuzuschreiben ist. Die Kinder, mit denen ich später zusammengearbeitet habe, haben andere Überlebensstrategien entwickelt. Sie müssen sich in einer Gesellschaft behaupten, die darauf ausgerichtet ist, die Menschen voneinander zu trennen und durch unzählige kulturelle Angebote vom politischen Handeln fernzuhalten. Die meisten von ihnen haben Eltern, Familie oder andere Erwachsene, die sich mit ihnen auseinandersetzen, die ihre Fähigkeiten fördern und sie ermutigen, vieles von dem Scheiß, der sie umgibt, zu hinterfragen und zu bekämpfen. Es ist kaum verwunderlich, dass sie sich vielem bewusst sind. Das zeigt sich in ihrer Kritik am Materialismus unserer kapitalistischen Gesellschaft infolge ihrer religiösen Erziehung, in ihrer antiautoritären Einstellung als Resultat ihrer Erfahrungen mit Schule und Polizei oder in ihrer Auseinandersetzung mit Großbritannien und dessen Imperialismus aufgrund der eigenen Familiengeschichte. Ich denke, dass es in der Verantwortung aller Organizer:innen aus der Arbeiter:innenklasse oder aus armen Verhältnissen liegt, junge Menschen dabei zu unterstützen, diese und weitere Zusammenhänge zu erkennen und ihnen dafür Werkzeuge zur Verfügung zu stellen. Das ist natürlich ein langwieriger Prozess. Ich habe 15 bis 20 Jahre gebraucht, um bestimmte Themen vertiefen und benennen zu können, und selbst jetzt fällt es mir schwer, gewisse Zusammenhänge zu erkennen und die Tragweite bestimmter Probleme im Alltag wahrzunehmen. Diese jungen Menschen leben unter gesellschaftlichen Umständen, in denen der Widerstand gegen die *weiße* Vorherrschaft und das kapitalistische Patriarchat noch aussichtsloser erscheint, zumal Medien und Massenkultur diese Herrschaftsverhältnisse normalisieren und jegliche Opposition dagegen delegitimieren.

Für uns – arme Menschen und Menschen aus der Arbeiter:innenklasse – gibt es Lebensphasen, in denen wir durch die Strukturen und Institutionen der Gesellschaft dazu gezwungen werden, uns rein aufs Überleben zu fokussieren. Diese Phasen können Wochen, Monate, Jahre und Jahrzehnte dauern. Dabei können unsere Stärken – als Individuen und als Communitys – zum Vorschein kommen. Stärken, die uns ermöglichen, uns auf andere zu verlassen und zuzulassen, dass unsere Leben sich miteinander verflechten. Denn je größer unsere Verbundenheit, desto größer sind die Chancen zu überleben. Und in diesen Phasen führt unser Zusammenhalt zu einem kollektiven Miteinander. Unsere Fähigkeit, uns zu verteidigen und zu entscheiden, wie wir denken und handeln wollen, wird größer. Denn nur mit einem starken Kollektiv sind wir dazu in der Lage, mehr zu tun, als bloß zu überleben.

Als Kinderprostituierte waren wir nie in der Lage, diese Stärke zu entwickeln, unsere Körper waren zu zerbrechlich und unser Verstand nicht ausgereift genug. Ohne Unterstützung und ohne übertragbares Kapital konnten wir lediglich überleben. Doch als Erwachsener, der Armut erlebt hat und ums Überleben kämpfen musste, der aber heute über genügend übertragbares Kapital verfügt, um eigene Lebensentscheidungen zu treffen, suche ich andere, die auch davon träumen, auf kollektiver Basis eine neue Zukunft zu gestalten. Eine, in der wir von der Gesellschaft nicht in solch gefährliche Situationen gebracht werden, sondern in der wir die bestehenden Strukturen und Institutionen niederreißen, um etwas Schöneres und Großartigeres an ihrer Stelle zu erschaffen.

ME & LIVED IN PLYMOUTH FOR 2 MONTHS.
And When I Say
We 'Lived'
I mean it in the vaguest sense of the word

# Unbändige Liebe

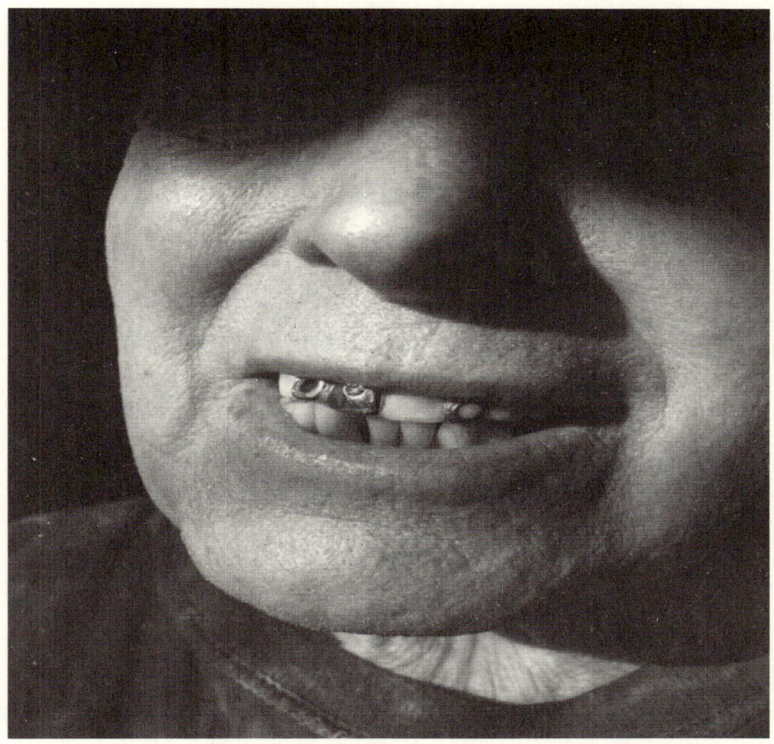

Ich kann mich nicht erinnern, wann ich Valerie genau kennenlernte. Wir waren eine Zeit lang an denselben Orten unterwegs. Sie kam aus Mansfield, war aber an den meisten Tagen in meiner Gegend unterwegs. Sie kaute Kaugummis, trank Bier und zog sich alles durch die Nase, was sie in die Finger bekam. Für eine kurze Zeit waren wir im selben Jugendheim und es war vermutlich dort, wo wir das erste Mal zusammen lachten.

Etwas später versuchte ich vor einem Club einigen Typen stark gestrecktes Koks zu verkaufen, die daraufhin beschlossen, meinen Kopf gegen die Wand zu schmettern. Valerie schritt dazwischen und ließ die Typen ihre qualitativ weitaus hochwertigere Ware probieren. Sie ließen von mir ab und ich gab ihr zu verstehen, dass sie sich verpissen solle, weil ich niemandes Hilfe bräuchte. Wir hingen gemeinsam ein wenig rum und später dann noch etwas mehr. Ihr Vater vergewaltigte sie und ihre Stiefmutter interessierte das nicht. Beide arbeiteten in einer Apotheke, weshalb sie mehr über chemische Zusammensetzungen wusste als die meisten 16-jährigen Straßenkids. Wir hingen noch eine Weile weiter miteinander rum und als ich in ein Kinderheim eingesperrt wurde, entschieden wir uns abzuhauen. Wir klauten eine Menge Drogen (und ich meine wirklich eine Menge), ein Auto und einen Wohnwagen und verließen die Stadt. Wir schlugen uns irgendwie durch, stahlen und verkauften alles, was wir in die Finger bekamen. Wir taten beide viele Dinge, mit denen wir nicht davonkommen sollten, und wir verschwendeten keinen Gedanken an irgendwen außer uns selbst. Ab einem gewissen Punkt, vielleicht sogar bereits nach ein paar Tagen, hörten wir auf, von uns als Individuen zu sprechen und sprachen nur noch von »wir«. Wir hatten unbändigen Sex, kombiniert mit einem eskalierenden Crack- und Crystal-Meth-Konsum. Wir stahlen alle paar Tage ein anderes Auto und fuhren damit Landstraßen entlang. Je länger wir zusammen waren, desto mehr kümmerte ich mich um mich selbst, weil immer mehr von mir auch ein Teil von ihr wurde und ich jedes Bewusstsein dafür verlor, wo ich aufhörte und sie begann. Als wir uns schlugen und sie aufhörte, sich selbst zu ritzen, und stattdessen mich ritzte, ging es darum, uns gegenseitig den Schmerz zu nehmen. Wir hatten etwas, das näher an Liebe dran war als alles, was wir bis dahin erlebt hatten, und wir hatten nicht vor, es mit irgendwem zu teilen. Alles, was wir wollten, war zu verschmelzen. Natürlich endete es schlecht.

Ich kann nur mit Verwunderung auf diese Zeit meines Lebens zurückblicken. Ich schleppte das mentale, physische und psychische Trauma meiner ersten Lebensjahre mit mir herum, ebenso wie Valerie ihres mit sich herumschleppte. Wir hatten Mühe damit, einander oder anderen liebevolle, tiefgründige Sachen zu sagen. Wir waren weiterhin von der Gewalt der Straße, des Staates und uns selbst umgeben. Vielleicht geschah dies nur aus purem Überlebensinstinkt, aber wir hielten aneinander fest und gaben einander einen Rückzugsort, eine Sicherheit, die wir bis dahin nie erlebt hatten. Unser gemeinsames Leben brachte uns zwar Schmerz und Elend, aber es hielt uns auch am Leben und weckte in uns den Wunsch, noch länger am Leben zu bleiben. In den ersten 25 Jahren meines Lebens beobachtete ich genau diese Dynamik in vielen verschiedenen Variationen. Menschen klammerten sich nicht nur aneinander, sie stürzten regelrecht ineinander und kämpften gemeinsam um ihr Leben. So vieles davon war ein nonverbaler Ausdruck von Sehnsucht, Hoffnung, Vertrauen, Bedürfnis, und ja, sicherlich auch Sex und Liebe. Valerie und ich waren eine jugendliche Version davon, nicht nur was unser Alter und unsere emotionale Unreife anging, sondern auch bezüglich unserer rücksichtslosen, unbedarften Art und Weise, wie man sie bei zwei Menschen in ihrer ersten Beziehung beobachten kann. Unsere mag von mehr Polizeisirenen, Pistolenschüssen, brennenden Autos und Überdosen begleitet worden sein, aber anderen Aspekten unserer Beziehung lag sicherlich eine gewisse Universalität zugrunde.

Ich werde eine Geschichte erzählen, die einige meiner Freund:innen und Saufkumpan:innen schon kennen. Ich habe sie schon häufiger bei Bier und Essen zum Besten gegeben. Es ist eine dieser Geschichten, die ich teilweise erzähle, um den Clown mit den seltsamen Lebenserfahrungen zu spielen, teilweise, um die darin vorkommenden Menschen auszunutzen, und teilweise, um mit meiner Lebensgeschichte ein paar billige Lacher zu erhaschen. Ich rede mir gern ein, dass ich versuche, die Tiefe der Gefühle, die darin zum Ausdruck kommen, mehr zu betonen als den Fäkalhumor, aber vielleicht stimmt das nicht. Wie dem auch sei. Ich habe eine Zeit lang mit vier anderen Menschen in einem Keller in Walthamstow, im Osten Londons, gelebt. Zwei davon waren ein heterosexuelles Paar mittleren Alters. Beide waren heroinabhängig. Sie waren seit ihrer Kindheit zusammen und nur während kurzer Haftstrafen voneinander getrennt. Ich kannte sie seit etwa einem Jahr und wohnte während gut der Hälfte dieser Zeit immer mal wieder mit ihnen zusammen. Die anderen waren in ihren Zwanzigern und machten ihr eigenes Ding, um über die Runden zu kommen. Das Paar teilte sich eine Ecke des Kellers und jede:r von uns anderen drei hatte eine Ecke für sich. Manchmal teilten wir das Essen und Geld, das wir auftreiben konnten, und manchmal auch nicht. Manchmal kümmerten wir uns umeinander und manchmal auch nicht. Manchmal waren noch andere Menschen dort und manchmal auch nicht. Es war nicht groß anders als ein alternatives Wohnprojekt, nur ohne fließend Wasser und Elektrizität.

Wir schauten immer, dass wir unterwegs unser Geschäft verrichteten, sei dies im McDonalds, in der Bibliothek oder in der Arrestzelle. Etwa einen Monat vor dem 50. Geburtstag des Typen fragte uns seine Partnerin, ob wir etwas von unserer Kacke und Pisse in ein paar Eimern, die sie unterwegs gefunden hatte, sammeln könnten. Einen Monat lang kamen wir ihrer Bitte nach und füllten die Eimer. Am Tag seines Geburtstags halfen wir ihr dabei, den Keller zu dekorieren und Lebensmittel für ein gemeinsames Abendessen aufzutreiben. Er kam nach Hause und freute sich sehr über die Überraschung. Sie aßen und tranken und genossen ihren Abend, während wir alle in unseren Ecken saßen. Später fingen sie an, Sex zu haben, woraufhin jede:r von uns dreien einen Eimer in die Hand nahm und ihn über ihm entleerte, während er Sex mit der Person hatte, die er über alles auf dieser Welt liebte. Er war in vollkommener Ekstase. Ich verurteilte sie damals. Ich fand es verdammt bizarr und obwohl ich schon einige kinky Sachen erlebt hatte, war mir das etwas zu viel. Aber sie hatte uns darum gebeten und er wollte es, daher machte es mir nicht aus, ihnen dabei zu helfen.

Warum erzähle ich diese Geschichte? Einerseits weil ich mich wegen der Art schuldig fühle, wie ich sie zuvor anderen Menschen erzählt habe. Ich habe mich nicht wirklich bemüht, klarzumachen, dass die beiden ein Beispiel für Liebe und Zärtlichkeit sind, und habe sie stattdessen zu Karikaturen im Hintergrund meines eigenen Lebens verkommen lassen. Andererseits weil die Art und Weise, wie sie zueinanderhielten, mich seit langer Zeit beschäftigt. Sie waren ungebildet, seit drei Jahrzehnten wohnungslos, verachtet von den meisten Menschen, mit denen sie in Kontakt kamen, und sie weigerten sich, sich irgendwelchen sozialen Zwängen zu beugen. Sie waren oft wütend und arglistig, aber zueinander stets zärtlich. Beide waren nicht imstande, ihre Gedanken mühelos auszudrücken, aber wenn sie etwas zu sagen hatten, hörten sie einander aufmerksam zu. Sie stellten mit ihrer Mimik und teilweise mit Worten Fragen. Sie wollten alles wissen, was die andere Person zu sagen hatte, egal wie lange diese benötigte, um es zu formulieren. Sie schienen voneinander fasziniert und hingerissen. Sie verbrachten die ersten 15 Jahre ihres Lebens in jeweils sehr unterschiedlichen Kulturen und ihre sexuellen Vorlieben waren sehr verschieden, aber sie akzeptierten diese Unterschiede und versuchten, ihnen gerecht werden. Ich denke nicht, dass ich je wieder zwei Menschen getroffen habe, die einander mehr ergeben waren als diese beiden. Seine winzige Glatze war mit Tattoos übersät, sie war einen Kopf größer als er und trug selbst im tiefsten Heroinrausch immer pinken Lippenstift. Sie lebten füreinander. Wenn sie oder er schwer verletzt oder krank war, taten sie alles Mögliche, um einander wieder auf die Beine zu helfen. Alles, was sie besaßen, teilten sie miteinander. Ich weiß sehr wenig darüber, woher sie gekommen waren und wie ihr Leben ausgesehen hatte, bevor ich sie kennenlernte. Ich glaube nicht, dass ich je das geringste Interesse daran gezeigt habe. Ich erinnere mich bloß daran, dass er aus einer Schiffsbauerfamilie im Nordosten stammte und dass er zur Armee wollte. Sein Glaube war ihm sehr wichtig und selbst noch während des ersten Jahrzehnts seiner Sucht ging er jede Woche zweimal in die Kirche. Sie war die Tochter einer Frau aus Trinidad, die bei ihrer Geburt starb, und wurde vom Staat großgezogen. Sie lernten sich in den späten 1960er-Jahren in London, in Kentish Town, kennen. An mehr kann ich mich nicht erinnern. Ich weiß, dass sie sich drei Jahrzehnte lang akzeptierten, mit all ihren Fehlern und Komplexen, und sich, bis zu ihrem Tod einige Jahre später, ein gemeinsames Leben aufbauten. Als er starb, war er mit seinen Gedanken bei ihr. Ich hörte, dass sie starb, als sie ihn bei einer Auseinandersetzung auf der Straße verteidigte, bei der er angegriffen wurde, weil er aussah, wie er aussah. Sie ging dazwischen und es wurde mehrfach auf sie eingestochen. Kurze Zeit später starb er an einer Überdosis. Ich kann das, was ich mit Valerie hatte, nicht mit dem vergleichen, was die beiden hatten. Ich gehe nicht davon aus, dass Valerie an mich dachte, als sie starb, und ich werde nicht an sie denken, wenn ich sterbe. Wir waren unbändige Kinder, die aus ihrem Bedürfnis nach Akzeptanz nichts anderes machten als einen verhängnisvollen, wunderbaren Trip.

Die Liebe, die ich miterlebte, als ich aufwuchs – ob auf der Straße, unterwegs, in Sozialwohnungen oder Institutionen – lag oft irgendwo in dem Spektrum zwischen diesen beiden Polen. Die Liebe war selten so stark wie bei meinen Freund:innen im Keller und selten beinhaltete sie dasselbe Ausmaß an Wut und Gewalt wie bei Valerie und mir. Doch es gab Ähnlichkeiten zu beidem. Ich denke, sie beruhte immer auf der Suche nach Akzeptanz, auf der Suche nach einer Person, die einen, aus welchen Gründen auch immer, akzeptierte, so wie man war, während man auch sie akzeptierte. In meinem Umfeld gab es (zumindest in meinen Augen) ein sehr viel ausgeprägteres Bedürfnis nach dieser Akzeptanz als in der Welt der ›Anständigen‹, wo einem Akzeptanz oft durch den großen Freundeskreis, die Lohnarbeit und den sozialen Status, der mit verschiedenen Aktivitäten einhergeht, entgegengebracht wird. In diesem Fall gibt es die Möglichkeit, sich Zeit zu nehmen, Optionen abzuwägen und sich umzusehen. Ich will damit nicht sagen, dass Menschen zu allem, was ihnen angeboten wird, »ja« sagen sollten. Ich kenne Hunderte von Beispiele, bei denen Menschen etwas akzeptierten, nur weil es ihnen angeboten wurde und weil sie sich sagten: »Scheiß drauf, etwas Besseres kommt eh nicht mehr«. Ich kenne unzählige Geschichten, bei denen das schrecklich schiefging. Ich bin mir ziemlich sicher, dass ich nur deshalb existiere, weil ein junges Mädchen dachte, nicht »nein« sagen zu können. Oder aber, weil ihr »nein« ignoriert und ich neun Monate später geboren wurde.

Was ich früher in meinem Leben gesehen und erlebt habe, war, dass Menschen einander fanden, die sie nicht verletzten und sich vollkommen akzeptierten. Nicht, weil sie sich dachten: »Das ist die Eine!« oder »Ich kann keinen Besseren finden, oder?«, sondern weil es den Schmerz linderte und das Trauma, wenn auch nur vorübergehend, milderte. Ich spreche von Menschen, die sehr viel Leid erfahren und überstanden haben. Zugleich wussten sie, dass ihnen noch mehr Leid bevorstehen würde und dass es deshalb besser wäre, eine Person an der Seite zu haben, die sie akzeptierte und selbst zur Akzeptanz fähig war.

Ich will ehrlich sein, ich bin keine besonders tolerante oder akzeptierende Person. Ich finde meine eigene Gesellschaft ziemlich schwierig, geschweige denn die anderer Menschen. Der Hauptgrund dafür, dass ich mich intolerant verhalte oder mich weigere, jemanden zu akzeptieren, ist, dass es sich bei meinem Gegenüber um irgendeinen Mittelschichtsdeppen handelt, der eine beschissene politische Einstellung vertritt. Aber ich finde auch problemlos andere Gründe, um Menschen abzulehnen und mich von ihnen zu distanzieren. Womöglich ist dies der Grund, weshalb ich versuche, mich an diese damals beobachtete Akzeptanz zu erinnern, denn ich sehe solche Beziehungen ansonsten nicht oft. Doch ich erlebe auch heute tiefe und bedeutende Beziehungen in meinem Leben. Sie bedeuten viel Arbeit, sie kommen in vielen verschiedenen Formen daher und ich habe mir selbst gegenüber und gegenüber den Menschen, die mir wichtig sind, die Verantwortung, mich daran zu erinnern, was ich früher erlebt habe. Ich muss es in Fleisch und Blut übergehen lassen und lernen, die Menschen, die mir wichtig sind, zu akzeptieren.

Ich denke, dass mich die Verzweiflung und Not, die ich sah und erlebte, während ich auf der Seite jener stand, die von der Mehrheitsgesellschaft verstoßen werden, lehrte, andere zu akzeptieren. Die Sicherheit, zu den gesellschaftlich Akzeptierten zu gehören, wiederum macht es mir einfacher, andere zu verurteilen und abzulehnen. Klar, auch ich habe Vertrauensprobleme, aber das kann keine Entschuldigung sein.

Im Laufe der Zeit ist es mir gelungen, zu einer Handvoll Menschen ein persönliches Vertrauensverhältnis aufzubauen und zu einer ähnlich großen Gruppe von Menschen ein politisches, wobei es nur wenige Überschneidungen zwischen diesen beiden Gruppen gibt. Das soll nicht heißen, dass ich kein politisches Vertrauen in jene habe, zu denen ich ein persönliches Vertrauensverhältnis habe, doch viele Bedenken und Zweifel prägen meine Beziehungen zu ihnen. Ich denke, der Grund für meinen Mangel an Vertrauen ist das Trauma meines Aufwachsens, das meine Psyche gebrandmarkt hat. Der Mangel an politischem Vertrauen entspringt der Zeit, die ich in sozialen Bewegungen verbracht habe, die von Communitys und Kollektiven geprägt waren, die, im Vergleich zu der Community aus der ich komme, Sicherheit und Komfort verkörperten und sich dazu auch noch weigerten, zu viel von dieser Sicherheit und diesem Komfort aufs Spiel zu setzen. Mit so wenig Vertrauen zu leben ist nicht ideal für eine Person, die kollektive Widerstandsformen gegen Staat und Kapital finden möchte, und für mein eigenes Wohlbefinden ist es entscheidend, dass ich lerne, einige dieser Blockaden zu durchbrechen.

Als ich mich einigen dieser linksradikalen Bewegungen anschloss, erkannte ich, dass ich selber Vertrauen aufbringen musste, damit mir vertraut werden würde und ich versuchte mich in radikaler Akzeptanz. Ich engagierte mich mit Leib und Seele, wann immer Individuen oder Gruppen auch nur ansatzweise so schienen, als würden sie eine politische Arbeit machen, die ich selbst als wichtig empfand. Inzwischen denke ich, dass ich mich in vieles zu leichtsinnig hineingegeben habe. Was ich in diesen Bewegungen erlebte, war eine unangenehme Kombination aus Schulterklopferei dafür, zu denen zu gehören, die ›Bescheid wissen‹, und Selbstzweifel darüber, ob sich das Ganze wirklich lohnt. Dass ich dies nun reflektieren und mit Klarheit und Geduld darüber nachdenken kann, gehört zu den Fähigkeiten, die ich im Laufe der letzten 15 Jahre erworben habe.

Was die Erlangung von Kapital unterschiedlicher Art angeht, haben sie mir gute Dienste geleistet, aber der Enthusiasmus und die Akzeptanz, die ich zuvor in mir trug, fehlen heute. Wenn die gelebte Politik, die ich in den ersten 25 Jahren meines Lebens erlebt habe, meiner Meinung nach aus tiefergehenden, gehalt- und kraftvolleren Formen der Solidarität, der gegenseitigen Hilfe und des Widerstands bestand, warum sollte ich dann nicht versuchen, zu diesen Verhaltensweisen zurückzukehren? Weil sie natürlich nicht alle gut und positiv waren und nicht alles beinhalteten, was es braucht, um gegen Staat und Kapital einen starken Widerstand aufzubauen. Es waren Erlebnisse, von denen ich vieles lernen konnte, ebenso wie ich von den vergangenen 15 Jahren politischer Betätigung vieles gelernt habe, und ich kann mich glücklich schätzen, so radikal unterschiedliche Erfahrungen gemacht zu haben.

Die Entwicklung eines politischen Vertrauens ist teilweise dadurch entstanden, dass ich mehr Zeit mit anderen radikal gesinnten Aktivist:innen verbrachte, die selbst Armut und prekäre Verhältnisse erlebt haben.

Dies hat mich in meiner Überzeugung bestärkt, dass es noch immer Möglichkeiten für starke, kollektive Formen des Widerstandes gibt. Außerdem habe ich insgesamt weniger Zeit mit Aktivist:innen verbracht und dafür mehr Zeit mit den Menschen aus der Arbeiter:innenklasse, die um mich herum leben und überleben. Wir diskutierten miteinander und informierten uns gegenseitig. Unsere politischen Ansichten und unsere politische Sprache mögen unterschiedlich sein, doch es sind die Gemeinsamkeiten, auf die es ankommt. Auf einer persönlicheren Ebene habe ich in den letzten Monaten angefangen, genauer zu verstehen, dass das große Unwohlsein, das ich verspüre, immer weniger mit meiner materiellen Situation zusammenhängt, sondern vielmehr mit dem Trauma, das sich über einen so langen Zeitraum aufgebaut hat.

Die prägendste Erfahrung in dieser Hinsicht war, als andere Aktivist:innen, die über reichlich Kapital verfügen, über Sicherheit und Wohlbefinden diskutierten und beschrieben, dass sie nicht in der Lage seien, mit etwas oder jemandem umzugehen, und die als Grund dafür fehlende Sicherheit anführten.

Ich hörte mir das voller Verärgerung an und beteiligte mich an diesen Gesprächen auf keine besonders hilfreiche Art und Weise. Während es ernsthafte Probleme bezüglich der physischen und psychischen Sicherheit unterdrückter Gruppen in gemeinsam genutzten Räumen gibt, gibt es ebenso ernsthafte Probleme bezüglich der Art und Weise, wie mit wahrgenommenen und tatsächlichen Bedrohungen der eigenen Sicherheit umgegangen wird. Wie groß ist die Bedrohung wirklich, wenn wütende Teenager mich in einem sozialen Zentrum als Schwuchtel beschimpfen? Müssen wir sie ausschließen, weil sie die Regeln eines Safe Spaces gebrochen haben? Fügt das, was sie mir sagen, mir tatsächlich psychischen und physischen Schaden zu oder werde ich an frühere Erlebnisse erinnert, bei denen ich als Schwuchtel beschimpft und verprügelt wurde?

Je mehr ich darüber nachgedacht habe, desto mehr ist mir bewusst geworden, dass meine Abneigung gegen die Mittelklasse und diejenigen, die über viel Kapital verfügen, mit meinen Erfahrungen zusammenhängt, die ich mit dem Personal der Einrichtungen gemacht habe, durch die ich durchgereicht wurde, sowie mit der Diskrepanz zwischen meiner eigenen Armutserfahrung und dem Komfort und der Sicherheit derer in den Vorstädten, die ich ausgeraubt habe. In dieser Gesellschaft längere Zeit in Armut zu leben, bedeutet, dass dir ständig klargemacht wird, dass du keinen sozialen Wert hast. Wenn man, wie ich, das Glück hat, da rauszukommen, hat man vielleicht genügend Geld für Essen und Unterkunft, aber man vergisst nicht, was einem immer wieder vermittelt wurde. Mir fällt es schwer, ein Teil von sozialen Bewegungen zu sein, in denen meine Genoss:innen aussehen, klingen und sich bewegen wie meine alten Sozialarbeiter:innen, wie die Richter:innen, die mich verknackt haben, und die Leute, in deren Häuser ich eingestiegen bin. Sie sind der lebende Beweis dafür, was mir über meinen Wert gesagt wurde, und auch wenn sie es nicht so benennen würden, haben sie in mir den Eindruck verstärkt, dass mein materieller Wohlstand und das soziale Kapital, das ich nun erlangt habe, die korrekten Indikatoren meines Wertes sind.

Würde ich immer noch als Genosse behandelt werden, wenn ich kein Geld für Miete und Essen in einer sozial oder subkulturell (durch Besetzung und Containern) akzeptierten Weise aufbringen könnte? Vielleicht. Aber würde ich mich auf sozial akzeptierte Weise verhalten, wenn ich täglich mit dem Stress leben müsste, nicht zu wissen, woher meine nächste Mahlzeit kommen wird oder wo ich schlafen werde? Wenn mir immer noch gesagt werden würde, dass ich wertlos sei, wäre ich dann fähig, mit den sozialen Bewegungen zu interagieren, die voll von Menschen sind, die so aussehen, klingen und sich bewegen wie Sozialarbeiter:innen, Richter:innen und die Opfer meiner Raubzüge? Einiges davon bilde ich mir ein, aber ich tue dies aufgrund der Erfahrungen, die ich gemacht habe, und ich habe viele ausschließende Interaktionen zwischen Aktivist:innen mit viel Kapital und solchen, die ums Überleben kämpfen, beobachtet. Kapitalstarke Aktivist:innen und soziale Bewegungen, die voll von Mittelschichts-Kids sind, stellen ein echtes Problem dar. Aber es ist wichtig für mich, unterscheiden zu können, welche der Probleme und Vorbehalte, die ich mit mir trage, wirklich eine Bedrohung darstellen und welche ich nur als solche wahrnehme. Wenn ich das verstehe, kann ich das Vertrauen aufbauen, das es braucht, um die Widerstandsbewegungen aufzubauen, die wir benötigen.

## Hunde, die bellen, beißen nicht

Ich bin seit über 15 Jahren in unterschiedlichen sozialen Bewegungen aktiv, einige sind revolutionär, andere reformistisch. An einigen habe ich mich über längere Zeit beteiligt, bei anderen habe ich nur gelegentlich an einem Treffen, einer Veranstaltung oder einer Aktion teilgenommen. Dabei habe ich gute und hilfsbereite Menschen kennengelernt, die sich für einen sozialen Wandel einsetzen. Sie wollen die Welt zu einem gerechteren Ort machen, die Gesellschaft verändern und das gegenwärtige Elend verringern. Sie stecken ihre ganze Energie in die Herbeiführung von sozialen Veränderungen. In vielerlei Hinsicht bin ich ihnen ähnlich. Doch ich habe eine zum Teil heftige Kritik an diesen Bewegungen, die aber immer auch an mich selbst gerichtet ist. Im Vereinigten Königreich sind, bis auf wenige Ausnahmen, die Kampagnen und Bewegungen mit einer emanzipatorischen und transformativen Perspektive sehr schwach. Sie besitzen wenig oder keine Macht, etwas zu verändern, und bleiben in den immer gleichen Mustern gefangen. Sie behaupten, die Menschen zu vertreten. Sie behaupten, im Namen marginalisierter Menschen zu sprechen, sie inszenieren sich als moralischer Kompass der Nation, und sie sehen nicht nur immer gleich aus, sondern sie klingen und handeln auch immer gleich. Sie sind so divers wie die Chefetage von E.ON und strategisch so kohärent wie ein eine fünfte Klasse bei einem Ausflug in den Freizeitpark. Menschen zu erreichen, scheint für sie Ähnlichkeiten mit dem Abwasch zu haben: Eine lästige Aufgabe, die sich nicht von selbst erledigt – aber irgendwer muss es ja machen. Sie glauben, endlich den *einen* Anlass gefunden zu haben, der die apathischen Massen zusammenbringt und aufrüttelt. Jedes Mal, wenn sich ihre Hoffnungen wieder als falsch herausstellen, gehen sie schnell zum nächsten Anlass über. Einige Bewegungen und Organisationen setzen ihren selbstgerechten Kreuzzug unaufhörlich fort, sie tauchen bei Veranstaltungen auf, behaupten zu wissen, wie echte soziale Veränderungen herbeizuführen seien, obwohl sie diesen im Weg stehen. Die Ursache ihres Scheiterns haben sie meist schnell ausgemacht: Es haben sich zu wenige Leute beteiligt, der Feind war zu stark und der Kapitalismus, der Staat und die Konzerne zu mächtig. Auch wenn dies oft zutrifft, stellt sich für mich die Frage, weshalb wir unsere Energie nicht in den Aufbau von starken Strukturen und in die Entwicklung einer langfristigen Strategie stecken, die die negativen Auswirkungen des transatlantischen Neoliberalismus auf die Fähigkeit von Arbeiter:innen und einkommensschwachen Bevölkerungsschichten, sich kollektiv dagegen zu organisieren, mitdenkt. Die rechtsextremen, faschistischen und fremdenfeindlichen Bewegungen haben dies erkannt und organisieren sich dementsprechend, genauso wie die britische Regierung mit ihrem sogenannten ›Big Society‹-Programm[16]. Die Linke interessiert sich jedoch größtenteils nicht dafür, sich sinnvoll und langfristig mit denjenigen Teilen der Bevölkerung auseinanderzusetzen, die in den letzten dreißig Jahren am stärksten von der transatlantisch-neoliberalen Politik betroffen waren.

Ich begann, mich in verschiedenen Bewegungen und Organisationen zu engagieren, nachdem ich ein Jahr lang als Freiwilliger im ›Sumac Centre‹, einem sozialen Zentrum in Nottingham, ausgeholfen hatte. Zuvor hatte ich mich in der lokalen LGBT-Bewegung und in der Gefangenenhilfe engagiert. Erstere war durch schwerwiegende Probleme gekennzeichnet, die, wie ich bald herausfand, auch innerhalb einiger der hiesigen linksradikalen Bewegungen bestanden, während die Gefangenenhilfe darauf fokussiert war, Briefe zu schreiben, Gefangene zu besuchen und Zeit mit ihren Familien zu verbringen. In den meisten Zusammenhängen, in denen ich aktiv war, gab es Verbindungen zur anarchistischen Bewegung, doch vor allem waren sie von der globalisierungs-

16 Ein gesellschaftspolitisches Programm, das von David Cameron initiiert wurde und darauf ausgerichtet ist, zivilgesellschaftliches Engagement zu stärken. Vor allem im Sozial- und Bildungsbereich soll die Verantwortung vom Staat verringert werden. Stattdessen sollen lokale Communitys und Freiwillige mehr Verantwortung übernehmen. Das Programm geht mit Kürzungen in den öffentlichen Ausgaben einher. (Anm. d. Ü.)

kritischen Bewegung der 1990er-Jahre und der Bewegung gegen den Bau neuer Straßen in den 1980er- und 1990er-Jahren geprägt. Es gab lokale Gruppen und nationale Vernetzungstreffen, bei denen stets betont wurde, hierarchiefrei zu sein und einen Do-It-Yourself-Ethos zu verkörpern. Die nächste anstehende Aktion oder Veranstaltung wurde immer über die Entwicklung einer langfristigen Perspektive gestellt. Die Stimmung bei den Treffen war stets durch die Notwendigkeit des Handelns angesichts einer akut gefährdeten Welt geprägt. Als ich anfing, mich an größeren Treffen der Linken zu beteiligen, schien das Motto leicht anders zu sein: »Wir erleben seit Jahrhunderten Niederlage um Niederlage – wir müssen sofort etwas tun.«

Ich war in diesem Umfeld, in dem ich mich bewegte, auf eine oberflächliche und wenig hilfreiche Art und Weise kritisch. Ich war Teil des Geschehens, übernahm bestimmte Funktionen, Aufgaben und gewisse Statuspositionen innerhalb der Gruppen, zum Teil aufgrund der Art und Weise, wie ich meine Erfahrungen sprachlich artikulierte, zum Teil, weil ich durchsetzungsfähig und einigermaßen selbstbewusst war, und zum Teil einfach, weil ich ein *weißer* Mann bin. Meine Fähigkeit, mich politisch auszudrücken, verzehnfachte sich – genauso wie mein Ego und mein Selbstvertrauen. Doch es dauerte viel zu viele weitere Jahre, bis ich eine tatsächlich bewusste Kritik an diesen Organisationen entwickelte und begann, einige ihrer Praktiken und Verhaltensweisen zu hinterfragen. Auf lokaler Ebene wurde ich ein großer Fisch in einem sehr kleinen Teich anarchistischer Aktivist:innen, und auf nationaler Ebene ein einigermaßen angesehener Fisch in einem etwas größeren Teich. Das Problem ist, dass sich innerhalb dieser Zusammenhänge ein bestimmter ethischer Kodex etabliert hat, dessen Einhaltung das eigene Selbstwertgefühl stärkt. Aus diesem Grund ist es so unglaublich schwierig, diesen Kodex zu hinterfragen, egal wie sinnlos und kontraproduktiv er auch ist.

Ich war an vielen Aktionen beteiligt, bei denen es mehr um mein eigenes Ego als um irgendetwas anderes ging, und ich nahm an den Treffen von selbsternannten moralischen Wächter:innen der radikalen Szene teil, die über irgendeinen Scheiß schwadronierten. Das stärkte unser Selbstwertgefühl und auch unsere Abhängigkeit von Gleichgesinnten, die uns unsere Erhabenheit zurückspiegelten. Nach und nach begann ich, mich als Held der Arbeiter:innenklasse aufzuspielen, der aus dem Innern der Szene großmäulige Kritik betrieb. Ich selbst blieb geschützt, da jegliche Kritik an meinem Verhalten den anderen den Vorwurf des Klassismus hätte einbringen können.

Aus einem anderen Blickwinkel betrachtet, würde ich sagen, dass ich durch das Umfeld, in dem ich mich bewegte, ein Stück weit meine Identität und meine politischen Werte verlor. In mir tobte permanent ein innerer Kampf zwischen den früheren Erfahrungen, die meine Art, über Politik und sozialen Wandel zu denken und zu fühlen, geprägt haben, und der Art, wie sich in meinem linkspolitischen Umfeld verhalten wurde. Wie ich bereits angedeutet habe, gibt es in linken sozialen Bewegungen – ob mit autoritärer oder antiautoritärer Ausrichtung – unglaublich viele *weiße* Menschen Mitte zwanzig mit wenig Lebenserfahrung, aber sehr viel Kapital – sei es ökonomisches (Geld, Eigentum), soziales (Ressourcen, die durch die Zugehörigkeit zu einem sozialen Netzwerk entstehen, einschließlich der Zugehörigkeit zu einer bestimmten Gruppe) oder kulturelles (Ressourcen, die soziale Mobilität ermöglichen, zum Beispiel Wissen, Fähigkeiten und Bildung). Das macht ihre Ideen nicht per se falsch. Durch das Kapital, das sie so schnell anhäufen konnten, haben sie Wissen über die Gesellschaft, in der sie leben, erlangt und einige ihrer Mechanismen und Prozesse verstanden. Selbst erlebt und erfahren haben sie diese jedoch nicht.

Es gibt drei Gründe, weshalb diese Leute nicht dafür geeignet sind, den Kurs einer Bewegung zu bestimmen, die strukturelle Veränderungen auf lokaler, nationaler und globaler Ebene anstrebt. Erstens sind sie selbst nicht in demselben Maß wie andere Menschen von den negativen Auswirkungen dieser Gesellschaft betroffen. Ihr eigenes Überleben stand nie auf dem Spiel. Natürlich hat die kapitalistische Gesellschaft auch bei ihnen psychische Narben hinterlassen, aber sie haben wesentlich bessere und vielfältige Möglichkeiten, diese auszugleichen.

Zweitens gibt es in der liberalen Tradition, die unsere Kultur prägt, die Tendenz, nach Objektivität zu streben. Je eher eine Person die Möglichkeit hat, sich von der Brutalität dieses Systems zu distanzieren, weil sie nicht so stark davon betroffen ist, desto eher wird sie eine objektive Position anstreben. Wenn andererseits eine Person die ganze Brutalität dieses Gesellschaftssystems selbst zu spüren bekommen hat, dann wird sie dieses System als ihren Feind verstehen. Sie sieht die verheerenden Auswirkungen dieser Gesellschaft viel klarer.

Drittens – und das ist der wichtigste Punkt – bin ich schlicht ein Verfechter von Selbstbestimmung. Diejenigen, die am stärksten von einem Problem betroffen sind, sollten selbst entscheiden, wie sie darauf reagieren. Beim Kampf gegen Homophobie muss beispielsweise die LGBTQIA-Community bestimmen, wie sie kämpfen möchte. Beim Kampf gegen Sexismus sind es diejenigen, die sich als Frauen identifizieren, beim Kampf gegen Rassismus sind es People of Colour. Dasselbe gilt für den Kampf gegen ökonomische Ungleichheiten und den Kapitalismus: Es sollten diejenigen, die am stärksten darunter leiden, die am stärksten Prekarisierten, selbst bestimmen, wie sie kämpfen möchten.

Einige Anarchist:innen und andere Linke würden diesem Argument sicher entgegenhalten: »Aber was ist mit uns? Wir haben keine Jobs, wir leben in besetzten Häusern, wir kaufen nichts und wir gehen containern.« Dazu sage ich nur: »Haltet verdammt nochmal die Schnauze.« Das Thema ist komplex und meine Analyse hat sicher ihre Schwächen. Aber zu behaupten, dass Menschen, die sich selbst als Aussteiger:innen bezeichnen und in ihren Zwanzigern eine Zeit lang so tun, als hätten sie wenig oder kein Geld, in derselben Lage wären, wie diejenigen, die nicht einfach nach Wunsch und Wille ihre Aussteiger:innenphase wieder beenden können, ist absurd.

Ich glaube, ich konnte nur deswegen so lange Teil dieser Bewegungen sein, weil ich verstand, wie ich meine soziale Identität performen musste. Ich sah, wie sich andere innerhalb der Bewegungen verhielten, und ahmte ihre Verhaltensweisen nach, nicht perfekt, aber gut genug, um dazuzugehören. Durch diese Verhaltensweisen entwickelte ich soziales und kulturelles Kapital. Letztendlich waren mir aber meine eigenen Erfahrungen und die Bedeutung, die ich ihnen beimesse, wichtiger. Deshalb kann ich keine dieser Bewegungen wirklich ernst nehmen – zumindest solange nicht, wie sie sich nicht grundlegend ändern.

Ich möchte ehrlich sein. Die Art der Praxis, die es meiner Meinung nach braucht, ist verdammt kompliziert, denn es geht nicht nur darum, mit Armen und Arbeiter:innen in Kontakt zu treten und sich mit ihnen auseinanderzusetzen, sondern auch darum, ein Bewusstsein dafür zu entwickeln, dass wir unsere alltäglichen Kämpfe verbinden müssen, um aus einer Position der Stärke heraus agieren zu können. Ich weiß, dass, wenn ich das bereits kompliziert finde, diejenigen, die keine eigene Erfahrung mit Armut gemacht haben, die nie von Gehaltszettel zu Gehaltszettel gelebt haben und die all die Schwierigkeiten, die damit einhergehen, nicht kennen, es richtig schwer finden werden.

Das Thema ist so kompliziert, weil es so viele verschiedene Lebenserfahrungen gibt, die sich auf unterschiedliche Art und Weise manifestieren. Für diejenigen, die denken, sie hätten eine umfassende Gesellschaftsanalyse entwickelt, und die diese auch artikulieren können, ist es einfacher, andere von ihrer Sichtweise zu überzeugen, anstatt sie darin zu unterstützen, eine eigene Analyse für ihre spezifische Lebenserfahrung zu entwickeln. Genau das muss jedoch geschehen. Diejenigen von uns, die sich für die Aufhebung des kapitalistischen Patriarchats der *weißen* Vorherrschaft engagieren, müssen diese Analysen erkennen. Wir müssen zuhören, darauf reagieren und sie in unsere eigene Praxis einfließen lassen. Sie sind zentral, um eine starke Bewegung aufbauen zu können, die für die herrschenden Verhältnisse eine ernstzunehmende Bedrohung darstellt.

Dazu müssen je nach Problemlage spezifische Projekte und Organisationen geschaffen werden, die einige der Auswirkungen des Kapitalismus lindern. Solche Projekte sollten nicht zu Wohltätigkeitsorganisationen verkommen und auch nicht der Selbstinszenierung dienen: Wir dürfen arme Menschen nicht ausnutzen, um unser eigenes Ansehen zu verbessern. Diejenigen, für die diese Projekte und Organisationen geschaffen wurden, sollten das Sagen haben, und der Einfluss derer, die nicht darauf angewiesen sind, sollte dagegen minimal sein. Wir müssen diese Strukturen stets gegen diejenigen verteidigen, die sie für ihre eigenen Zwecke instrumentalisieren wollen, und unsere eigenen Erfahrungen und Analysen einbringen, ohne sie anderen aufzudrängen.

Meine Erfahrung mit der Organisation eines Jugendprojekts hat mir gezeigt, wie schwierig das sein kann. Drei Jahre lang versuchte ich, dafür zu sorgen, dass finanzielle und materielle Unterstützung nicht mit der Bedingung einherging, Einfluss auf die Ausrichtung des Projekts zu haben. Ich versuchte außerdem, dafür zu sorgen, dass den jungen Menschen nicht ihre Erfahrung abgesprochen wurde und ihre Verhaltensweisen nicht stigmatisiert wurden. All das war ein ständiger Kampf. Die Leute, die uns Geld spendeten, und die, die uns Räumlichkeiten zur Verfügung stellten, versuchten, Einfluss auf das Projekt und unsere Arbeit zu nehmen. Viele aus aktivistischen Zusammenhängen waren der Meinung, dass wir entweder zu nachsichtig oder aber zu streng mit den Jugendlichen waren. Hinzu kam, dass unser Projekt nicht als politisch wahrgenommen wurde, weil wir den Jugendlichen keine spezifische politische Weltsicht vermittelten, sondern sie stattdessen als Individuen wahrnahmen, die zwar Teil einer Gemeinschaft waren, aber je ihre eigene spezifische Entwicklung durchliefen. Wir wurden oft als lediglich ein weiteres Wohltätigkeitsprojekt angesehen. Das führte dazu, dass – ob bewusst oder unbewusst – die politische Arbeit, die wir leisteten, ignoriert wurde. Somit blieben auch die alten Handlungsmuster – durch die so viele ihr ökonomisches, soziales und kulturelles Kapital steigern konnten – weiter unverändert.

Das alles ist jedoch kein Weltuntergang. Viele Projekte der letzten Jahre haben mit den alten Handlungsmustern der britischen Linken gebrochen. Ich bin beispielsweise immer wieder von der Arbeit und den Analysen der Gruppe *Sisters Uncut*[17] beeindruckt. Sie arbeiten scheinbar mit Liebe und Zuneigung für die Communitys, in denen sie leben, sie bringen sich in die Kämpfe dieser Communitys ein, und sie finden Wege, den Angriffen von Staat und Kapitalismus etwas entgegenzusetzen.

Von People of Colour angeführte Bewegungen und Organisationen wie *Black Lives Matter* scheinen ebenfalls die aus den eigenen Lebenserfahrungen entwickelten Analysen in den Mittelpunkt ihrer Arbeit zu

17 Eine britische feministische Gruppe, die sich mittels direkter Aktionen gegen die staatlichen Kürzungen der finanziellen Mittel für die Angebote für Betroffene von häuslicher Gewalt wehrt. Die Gruppe wurde 2014 gegründet. (Anm. d. Ü.)

Once, When he'd been gone for a While, he came back for an hour.
SHUT UP
I have rats in my head.
We have to go to School
you can go but D's too stupid
Too fucking stupid
FUCKING STUPID CUNT!
I'm gone

stellen. Diese Organisationen verwenden Strategien aus der Vergangenheit, die auch für den aktuellen Kontext weiterhin von Bedeutung sind, und sie entwickeln neue, wenn es nötig ist. Dabei wird den Betroffenen nicht nur zugehört, vielmehr sind es die am meisten Betroffenen selbst, die bestimmen, wie die Kämpfe geführt werden. Sie bewahren sich ihre gesamtgesellschaftlichen Analysen, kämpfen aber auf lokaler Ebene. Wer einen revolutionären Wandel vorantreiben möchte, muss sich mit diesen Organisationen und Praktiken auseinandersetzen. Ständig eine moralische Position zu einem bestimmten Thema zu vertreten und eine einzelne Kampagne diesbezüglich zu starten, hat sich als nicht effektiv erwiesen. Stattdessen ziehe ich es vor, meinen Nachbar:innen und den Menschen an meiner Seite zuzuhören und mit ihnen gemeinsam eine revolutionäre Praxis zu entwickeln, die auf ihren Vorstellungen einer besseren Welt basiert.

STRENGTH
ONE

# Warum ich zuschlug

Ich habe viel davon erzählt, was mir angetan wurde. Und ich habe über die angeblich illegitimen oder unpolitischen Formen des Widerstands gegen diese verdammte patriarchal-kapitalistische Gesellschaft der *weißen* Vorherrschaft gesprochen, an denen ich mich beteiligte. Um das etwas auszugleichen, werde ich jetzt über Dinge sprechen, die ich getan habe, die nichts mit Widerstand zu tun haben. Dinge, die vielleicht zum Teil Antworten auf frühere Ereignisse meines Lebens waren, für die ich aber dennoch die Verantwortung übernehmen sollte. Allerdings bin ich ein Feigling und deshalb werde ich nur über die Taten sprechen, für die ich bereits strafrechtlich belangt wurde und daher nicht erneut belangt werden kann. Ich mache das, um die physische Gewalt in Worte zu fassen, die von einer Person ausgeht, die die toxische *weiße* Männlichkeit verkörpert. Mein Leben ist ein Beispiel dafür, was passiert, wenn die schlimmsten Aspekte unserer Gesellschaft einer Person eingehämmert werden, deren soziale Macht sich darauf beschränkt, dieselbe Geschlechtsidentität und *racial* Identität zu haben, wie jene, die am meisten von den gesellschaftlichen Unterdrückungsmechanismen profitieren.

Ich kann mich nicht daran erinnern, wann mir zum ersten Mal klar wurde, dass ich anderen Schmerzen zufügen muss, um ein Mann zu sein. Aber ich erinnere mich daran, wie ich mich zum ersten Mal männlich fühlte, nachdem ich jemandem Schmerzen zugefügt hatte. Das war 1988, kurz nachdem Irland in der EM gegen England gewonnen hatte. Die Familie meiner Mutter feierte leidenschaftlich und das bereits seit mehreren Tagen. Ein Onkel organisierte für einen Mittwochabend eine Reihe von Bare-Knuckle-Boxkämpfen und ging mit einem seiner Brüder die Wetten durch. Ich spielte gerade mit einigen meiner Cousins in der Nähe Fußball, als er mich zu sich rief und mir sagte, dass auch ich am Abend kämpfen werde. Ich erinnere mich daran, dass er mir erklärte, warum, aber ich erinnere mich nicht daran, was er genau sagte, da ich ihm nicht wirklich zuhörte. Es machte mir nichts aus zu kämpfen. Ich konnte mich, im Gegensatz zu einigen meiner älteren Cousins, nicht übermäßig dafür begeistern, aber es machte Spaß zuzusehen und ich sah, was die Kämpfe bei allen anderen auslösten – ich wollte also auch irgendwie ein Teil davon sein. Mein Onkel erklärte mir, dass ich gegen einen meiner Cousins zweiten Grades kämpfen würde, der mit seinem Vater aus Liverpool angereist käme. Er sollte auch am Hauptkampf teilnehmen und war einige Jahre älter als ich. Aber mein Onkel sagte, dass ich mir keine Sorgen machen müsse, weil mein Blut stärker und reiner sei als das der schwachen entfernten Verwandtschaft.

Wir kämpften als erste und mit jedem weiteren Kampf wurden die Kontrahenten älter. Um ehrlich zu sein, dauerte das Ganze nicht besonders lange. Der andere Junge war größer und schwerer als ich, aber er hatte auch viel mehr Angst davor, verletzt zu werden. Ich tat, was mein Onkel und mein Großvater mir beigebracht hatten: Ich ging so nahe an ihn heran wie möglich und schlug wie wild so lange auf ihn ein, wie ich konnte, bis seine Arme herabsanken und er in den Seilen hing, während ich immer und immer wieder auf sein Gesicht einschlug. Am Ende bluteten meine Fäuste und ich kann mich an ein Gefühl totaler Euphorie erinnern, als meine Familienmitglieder mir auf den Rücken klopften, meine Hand schüttelten und mich auf ihre Schultern hoben. Sie füllten mich an diesem Abend ab, was nicht sonderlich schwierig war. Ich war klein und erschöpft und ich musste mich mehrmals übergeben. Mir hatte es Spaß gemacht, dem anderen Jungen Schmerzen zuzufügen. Ich genoss das Gefühl, seinen Kopf hin und her schaukeln zu lassen und seine Augen tränen und seine Nase bluten zu sehen. Mir gefiel es, wie seine Familie ihn während des Kampfes beschimpfte und meine mich bejubelte. Ich hatte das Gefühl, etwas richtig gemacht zu haben. Ich hatte das Gefühl, die Kontrolle über mich und andere zu haben.

Ich hatte wohl ein halbes Dutzend weiterer solcher Kämpfe, bis wir die Familie meiner Mutter hinter uns ließen. Die Kämpfe wurden zunehmend härter und ich dachte immer weniger daran, ob ich mich verletzen könnte. Ich verlor ein paar Mal und gewann ein paar Mal, aber ich wurde stets dafür gelobt, wenn ich keine Furcht zeigte und dem Gegner zumindest ein paar Verletzungen zufügte. Meine Onkel versuchten, mich ein wenig zu trainieren, aber ich zeigte nur mäßiges Interesse und alle schienen sich darin einig zu sein, dass es schon ausreichen würde, wenn ich weiterhin mutig und brutal blieb. Ich weiß nicht, ob ich das Kämpfen selbst wirklich mochte, aber ich genoss es, den angerichteten Schaden zu sehen – auch wenn ich stärker als mein Gegenüber verletzt war, wenn Blut über mein ganzes Gesicht floss und ich dachte, dass ich mich im Ring übergeben muss. Es machte mich glücklich, wie die andere Person zusammenzuckte, wenn ich sie traf.

Als wir nach Nottingham zogen, versuchte ich für kurze Zeit, im Boxsport Fuß zu fassen, aber alle trugen Boxhandschuhe und Kopfschutz, und den anderen Jungs waren Schmerzen ebenso egal wie mir. Viele von ihnen waren schneller und obwohl ich über mehrere Jahre, mal mehr und mal weniger, trainieren ging, verlor es für mich an Reiz. Ich fand damals andere Wege, um dieselbe Art von Befreiung zu spüren. Beispielsweise, indem ich quer durch die Stadt fuhr und Gleichaltrige der Nottingham City Schule, der versnobtesten Privatschule im Stadtzentrum, überfiel. Manchmal zettelte ich wahllos Prügeleien mit Fremden an. Und unabhängig davon, ob ich gewann oder verlor, und egal, wie viel Schmerzen sie mir zufügten: Ich empfand die gleiche Freude daran, ihnen Schmerzen zuzufügen. Manchmal schlug ich andere Kinder, nur um ihre Köpfe hin- und herschleudern zu sehen. Es gab sehr wenig Gutes in mir und ich hatte sehr wenig Mitgefühl für die meisten Menschen. Ich beleidigte und beschimpfte wahllos Menschen, bis ich einen Funken Angst in ihren Augen erkennen konnte. Ich zehrte von dieser Angst und von der Macht, die ich über meine Opfer verspürte. Es gab mir so viel, dass ich es immer und immer wieder tun wollte. Durch den Scheiß, der aus meinem Mund kam und die physische Gewalt, die ich ausübte, hatte ich ein kurzzeitiges Ventil für meine Wut.

Als ich noch als Sexarbeiter tätig war und die anderen Sexarbeiter:innen und ich an jemandem Vergeltung üben wollten, schlug ich immer die gewaltvollsten Rachepläne vor und meldete mich freiwillig, um an vorderster Front dabei zu sein. Einmal entschied ein Mann, nachdem er eine der anderen Sexarbeiter:innen gefickt hatte, das Sperma wieder aus ihr herauszukicken. Er wusste nicht, dass drei Menschen in der Nähe für den Fall da waren, dass genau so etwas passierte. Wir gingen auf ihn los und als er am Boden lag, liefen die anderen drei davon, während ich ihn mit einer Holzplanke bewusstlos schlug, bis die Polizei auftauchte. Ich wurde zu einer 6-monatigen Haftstrafe verurteilt – und es hatte sich für mich gelohnt. Ich weiß nicht, ob es wegen seiner Schreie war oder aufgrund der Tatsache, dass er völlig unfähig war, sich gegen mich zu wehren, aber ich genoss die Kontrolle, die ich über ihn hatte. Ich schreibe das ohne jeglichen Stolz, und wenn ich mit meinem 13-jährigen Ich sprechen könnte, würde ich alles tun, um ihn davon abzuhalten. Aber ich verstehe, warum ich es tat.

Wir mussten so handeln, wie wir gehandelt haben, weil dies der sozialen Rolle entsprach, in die wir hineingedrängt wurden. Dies ist verstärkt bei denjenigen von uns zu beobachten, denen körperliche Gewalt angetan wurde. Das bedeutet jedoch nicht, dass jeder Junge, der ähnliche Erfahrungen wie ich gemacht hat, es ebenso genießt, anderen Schmerzen zuzufügen. In meinen Teenagerjahren traf ich einmal einen Typen, der über noch längere Zeit als ich sexuell missbraucht worden war. Er war ein sanfter, herzensguter Typ, der alles für einen getan hätte. Doch er wehrte sich auch, wenn er übers Ohr gehauen wurde, denn er wusste, dass es sonst immer wieder passieren würde. Eine Zeit lang machten wir gemeinsame Sache und raubten Häuser aus. Einer von uns hielt Wache, während der andere um die Rückseite eines Hauses schlich, von dem wir aus irgendeinem Grund annahmen, dass dort niemand zu Hause war, und einstieg. Wir nahmen Schmuck, Bargeld, Pässe, Kontoinformationen mit, einfach alles, was leicht tragbar war und von dem wir uns etwas Geld erhofften.

Ich befand mich zu diesem Zeitpunkt in einem ziemlich erbärmlichen Zustand. Ich war so aufgedreht, dass ich, solange ich genügend Geld auftreiben konnte, um high zu werden, gut eine Woche ohne Schlaf oder Essen auskam. Ich brach in ein Haus ein, während mein Freund draußen Wache stand. Doch es waren zwei Menschen drin. Ich weiß nicht, was es in euch auslösen würde, wenn ich Alter, Geschlecht, Größe und

Hautfarbe dieser Menschen beschreiben würde, aber ich werde es nicht tun. Ich schlug eine der beiden Personen übel zusammen und ging auf die zweite los, aber die Polizei war bereits alarmiert worden. Ich wurde verhaftet, angezeigt und später wegen Körperverletzung und Raub verurteilt. Auch dieses Mal war es das für mich wert. Im Gefängnis wurde ich regelmäßig verprügelt und vergewaltigt, aber es interessierte mich nicht. Ich spürte, dass diese beiden Menschen, die ich in dieser Nacht überfallen hatte, keinerlei Kontrolle über mich hatten und ich stattdessen die volle Kontrolle über sie hatte.

Natürlich ist das meiste davon beinahe 20 Jahre her. Aber was ist mit dem Hier und Jetzt? Wie stehe ich heute zu Gewalt? Ich boxe ab und zu, aber es ist nicht dasselbe. Die Formalitäten drum herum machen es mehr zu einem physischen Training als zu einer mentalen Entlastung. Es gab eine Zeit, in der ich so unauffällig und körperlich schwach wie möglich sein wollte, größtenteils deshalb, weil ich Angst vor der Gewalt hatte, die mein Körper ausüben konnte. Ich hatte besonders Angst davor, dass sie in den liebevollen und fürsorglichen Beziehungen, die ich hatte, ausbrechen würde. Über die Jahre habe ich mich mit dem Grund für meine Gewalt auseinandergesetzt. Es ist lange her, dass mir jemand Schmerzen zugefügt hat. Das hilft. Und ich habe in der Zwischenzeit ein Umfeld gewonnen, das sich um mich kümmert. Auch das hilft. Ich habe angefangen zu verstehen, warum ich so war, wie ich war, und was ich tun musste, um das zu verändern. Zum Teil ging es darum, mir nicht mehr die Schuld für die Dinge zu geben, die mir als Kind widerfahren sind. Und zum Teil ging es darum zu verstehen, dass, auch wenn ich mittlerweile keine physische Gewalt mehr ausübe, die soziale Identität, die ich als *weißer* Mann habe, eine gewaltvolle ist. *Weiße* Männer profitieren am stärksten von der gewalttätigen Unterdrückung, die es in unserer Gesellschaft gibt. Natürlich gibt es Abstufungen, abhängig von Klasse, Nationalität und einigen anderen Faktoren. Aber allgemein gesprochen, trifft es das verdammt genau. Ich gebe mir zwar nicht die Schuld dafür, wie unsere Gesellschaft strukturiert ist, aber ich habe verstanden, dass auch ich eine Verantwortung für die Überwindung dieser Strukturen trage, anstatt einfach als Verkörperung dieser Gewalt durchs Leben zu stapfen.

Und dann gab es noch einen Vorfall, der anders war als die anderen. Ich ging spät abends nach Hause, als ich auf der anderen Straßenseite einen Mann erkannte. Er war rund 25 Jahre älter als das letzte Mal, als ich ihn gesehen hatte, aber ich erkannte ihn trotzdem. Er war einer der damaligen Freier – weder ein besonders guter noch ein besonders schlechter. Tatsache war jedoch, dass er mein 11-jähriges Ich für Sex bezahlt hatte und in diesem Moment reichte mir das. Ich muss zugeben, dass es für mich nicht ungewöhnlich ist, in der Stadt Menschen zu sehen, von denen ich weiß, dass sie für Sex mit Kindern bezahlt haben. Es passiert mindestens einmal im Jahr, manchmal auch öfter. Normalerweise unternehme ich nichts, aber dieses Mal war es anders. Ich ging zu ihm hinüber und fragte, ob er wisse, wer ich sei. Er ignorierte mich und versuchte, an mir vorbei zu gehen. Ich sprach ihn mit seinem Namen an, er drehte sich um, und ich schlug mehrere Male auf ihn ein. Ich fühlte beinahe nichts dabei und lief davon, während er noch am Boden lag. Ich empfand keinerlei Katharsis. Wir waren nur zwei *weiße* Männer, die mit ihrem Scheiß dafür sorgten, dass die Straßen für alle anderen ein Stück unangenehmer wurden, mehr nicht. Ein paar Tage lang hatte ich Angst, dass die Bullen bei mir vorbeikommen würden, aber letztendlich passierte nichts. Ich gehe davon aus, dass er mich überhaupt nicht angezeigt hatte. Wie kann ich mich mit der Tatsache abfinden, dass ich immer noch in der Lage bin, gewalttätig zu werden, selbst wenn weder ich noch eine andere Person in Gefahr ist?

Ich liege ebenso oft wach aufgrund der Gewalt, die ich selbst ausgeübt habe, wie aufgrund der Gewalt, die mir angetan wurde. Und so sollte es sein. Ich bin nur einer von Milliarden Menschen, deren Leben von der Gewalt dieser Gesellschaft gezeichnet ist, und unter diesen gehöre ich zu denjenigen, die über mehr ökonomisches, soziales und kulturelles Kapital verfügen als viele andere. Ich hätte mit dem Schmerz, den ich empfand, anders umgehen können. Doch ich wählte den Weg, der mir angeboten wurde; den, durch den ich selbst zum Unterdrücker wurde, womit ich mir selbst vorspielte, nicht schwach, klein und machtlos in dieser Welt zu sein. Das tun *weiße* Männer meistens, wenn sie sich schwach, klein und machtlos fühlen. Sie nehmen ihre Verantwortung, gegen die über ihnen zu kämpfen, nicht wahr und richten ihre ohnmächtige Wut stattdessen gegen jene, gegen die es für sie am einfachsten ist. Sie verhalten sich natürlich nicht aufgrund einer angeborenen genetischen Disposition so, sondern weil sie der Lüge aufsitzen, dass sie mehr mit den Unterdrückern als mit den Unterdrückten gemeinsam haben; dass dies eine Welt der *weißen* Männer sei und dass, solange *weiße* Männer weiterhin herrschen, die Welt in Ordnung sei. Nur damit das klar ist: Diese Herrschaft zeigt sich nicht immer in ihrer physischen Form. Sie kann sich auch in Form von akkumuliertem Kapital und daraus entstehendem materiellem Komfort zeigen. Oder auch in Form einer Führungsposition in einer Organisation, dem Vermögen, die eigene Sichtweise vortragen zu können und dabei gehört und respektiert zu werden. Es ist, in seiner grundlegendsten Form, das Recht, so viel Raum wie möglich einzunehmen, bis eine noch mächtigere Person einem den Riegel vorschiebt.

# Maskeraden

Ich habe bereits ein wenig über meinen Hintergrund gesprochen, darüber, welche Erfahrungen ich gemacht habe und was sie mir bedeuteten. Nun möchte ich erzählen, wo ich jetzt stehe und wie ich hierhin gekommen bin. Ich habe einen Vollzeitjob mit geregelten Arbeitszeiten, erhalte betriebliche Zusatzleistungen und habe einigermaßen gute Arbeitsbedingungen. Ich habe ein schönes Zuhause, Essen in meinem Kühlschrank und ich kann ohne große Mühe medizinische Versorgung in Anspruch nehmen. Ich habe genügend Einkommen zur Verfügung, um bei Bedarf Menschen in meinem Umfeld unterstützen zu können. Ich kann mir Bücher und Kleidung kaufen, die mich geistig beschäftigt halten und in denen ich mich körperlich wohlfühle. Ich habe Freund:innen, auf die ich mich verlassen kann, wenn es um emotionale und psychische Unterstützung geht, und ich habe genug Kapital angehäuft, um im Rahmen dieser Gesellschaft verschiedene Auswahlmöglichkeiten zu haben. Bis in meine späten Zwanziger hinein dachte ich, das alles sei für mich unerreichbar. Ich werde keine Erfolgsgeschichte über einen Tellerwäscher erzählen, der durch harte Arbeit zum Millionär geworden ist, oder davon, wie ein *weißer* Mann alle Widrigkeiten überwand und seine Vergangenheit bewältigte. Ich werde auch garantiert keine Anleitung darüber schreiben, wie eine jede Person ihr Leben verbessern kann, wenn sie sich nur genug anstrengt, und auch keine Abhandlung darüber, wie viel Glück ich gehabt habe. Nicht nur, weil das alles langweilig ist, sondern weil nichts davon der Wahrheit entspräche. Versteht mich nicht falsch. Ich habe mich ganz gut geschlagen und bin stolz auf mich, aber nicht, weil ich so hart arbeite oder ein stabiles Leben habe, sondern weil ich ein Mensch bin, der versucht, gegen diese toxische Gesellschaft Widerstand zu leisten. Ich wünschte nur, ich wäre genauso stolz auf mich gewesen, als ich jünger war.

Ich werde erzählen, wie mein *Weiß*sein und meine Männlichkeit es mir ermöglicht haben, meinem Leben eine neue Richtung zu geben. Nur weil meine Genitalien gesellschaftlich betrachtet mit meinen erlernten Verhaltensweisen übereinstimmten und ich eine weiße Hautfarbe habe, genoss ich im Kontext von staatlichen Institutionen und unserer gesamten Kultur etliche Vorteile. Ich werde erzählen, wie ich diese zwei machtdurchdrungenen Aspekte meiner sozialen Identität ausnutzte, während ich jenen, die weder männlich noch *weiß* waren, praktisch keine Beachtung schenkte. Ich werde erzählen, wie ich gezielt einige meiner Eigenschaften verbarg, damit ich in dem neuen sozialen Umfeld, in dem ich mich irgendwann bewegte, akzeptiert wurde und wie ich dadurch einen Teil meiner Identität verlor. Ich werde erzählen, wie die Performanz von Identität die wahre Identität verändert und kaputt macht.

Mein Weg in ein gesellschaftlich akzeptiertes Leben begann, als ich mit 24 Jahren vom Staat festgenommen und in die Psychiatrie zwangseingewiesen wurde. Mein Drogenkonsum und meine Lebenserfahrungen hatten mich in einen Zustand geführt, in dem ich als Gefahr für mich selbst und andere eingestuft wurde. Während des Entzugs in der Psychiatrie begann mein Verstand, sich zu erholen und einige Schlussfolgerungen aus meiner Situation zu ziehen – unter anderem die, dass ich nicht mehr so weiterleben wollte wie bisher. Ich fragte mich auch, weshalb mein Leben bisher so verlaufen war. Ich begann, mich durch die Handvoll Bücher durchzukämpfen, die auf der psychiatrischen Station herumlagen. Seit der Schulzeit hatte ich nichts mehr gelesen, und damals lag ich, was das Lesevermögen anging, so weit hinter meinen Mitschüler:innen zurück, dass ich eigene Methoden entwickelte, um das Lesen ganz zu umgehen. Auf der Station halfen mir zwei andere Patient:innen mit dem Lesen und sie gaben mir noch mehr Bücher. Eine Person des Pflegepersonals interessierte sich für mich, und auch wenn ihr Interesse schlussendlich sexueller Natur war, war sie anfangs sehr unterstützend. Mit diesen drei Menschen redete ich ein wenig, wenn auch nur sehr oberflächlich. Wenn ich über meine Gefühle sprach, dann sagte ich selten mehr als: »dieses macht mich traurig, jenes fühlt sich gut an«. Als ich schließlich die Gefängnishefte von Antonio Gramsci in die Hände bekam, schlug ich einen komplett neuen Weg ein. Die Hälfte des Buches war für mich zu kompliziert, und ich las es im Schneckentempo, musste Wörter laut aussprechen und alle paar Sätze Begriffe nachschlagen. Aber ich hielt durch.

Ich habe die Gefängnishefte vor ein paar Jahren wieder gelesen und sie haben heute nicht mehr die gleiche Wirkung auf mich wie damals. Meine politische Analyse hat sich seitdem weiterentwickelt, ich bin mit neuen Ideen und Positionen in Kontakt gekommen und meine eigene Fähigkeit zum Nachdenken und Analysieren ist gewachsen. Aber damals war es, als ob irgendwer nur für mich das rote Meer geteilt hätte, um mir einen neuen Weg aufzuzeigen. Meine Gedanken wurden weniger verworren, ich erkannte meine eigenen Erfahrungen in der Stimme eines Anderen wieder und ich begann zu begreifen, wer und was ich war.

Dieser Prozess setzte sich weiter fort. Ich las weiter und zog mit einem Mann zusammen, den ich kennengelernt hatte. Ich hatte mit ihm eine zweijährige Beziehung, die rückblickend betrachtet wahrscheinlich missbräuchlich war. Dennoch war es das erste Mal seit fast zwei Jahrzehnten, dass ich – abgesehen von meiner Zeit in verschiedenen Strafanstalten – wusste, wo ich schlafen und woher mein Essen kommen würde. Er und seine Freund:innen waren in ihren Zwanzigern und gehörten zur Mittelschicht. Ihre Sprache, Kleidung, Meinungen, Vorlieben und Verhaltensweisen waren anders als alles, was ich bis dahin erlebt hatte. Ich begann, ihre Sprechweise und ihren Kleidungsstil nachzuahmen. Wenn wir zusammen essen gingen, wartete ich ab und beobachtete, wie sie aßen. Ich sprach nur wenig, hörte aber aufmerksam zu. Mich interessierte meistens nicht, was sie sagten, sondern wie sie es sagten. Wenn sie über etwas sprachen, das ihnen scheinbar wichtig war, wirkten sie uninteressiert und zogen es irgendwann ins Lächerliche. Wenn sie etwas begeisterte, dann war es meist etwas, von dem ich nicht verstand, weshalb es relevant war. Er und sein Freundeskreis ermutigten mich darin, mich ehrenamtlich in Gebrauchtwarenläden zu engagieren, was ich schließlich auch tat. Er schlug mir vor, eine psychologische Beratungsstelle aufzusuchen, um mit jemandem über meine psychischen Probleme zu sprechen, was ich ebenfalls tat. Ich las weiter, und nach einer Weile begann ich auch damit, Dinge aufzuschreiben. Ich schaute viel Film und Fernsehen und schrieb und las darüber, was ich gesehen hatte. Ich beobachtete, wie er und seine Freund:innen über Filme und Fernsehsendungen diskutierten und schaute sie auch mit ihnen gemeinsam. Immer öfter war ich mit dem, was sie darüber sagten, nicht einverstanden und ich fing an, darüber nachzudenken, weshalb das so war – wobei ich die Meinungsverschiedenheiten nie laut aussprach. Ich entdeckte das Internet für mich und interagierte online mit Leuten, die nicht sehen konnten, wer oder was ich war, die nur auf das reagieren konnten, was ich über mich preisgeben wollte. Ich arbeitete häufig für eine Leiharbeitsfirma in Fabriken und trank viel. Ich ging nicht mehr zu den Therapiesitzungen und nutzte Second-Hand-Bücher, um mir Englisch und Mathe auf Sekundarstufenniveau beizubringen. Ich engagierte mich in LGBT-Organisationen und war erstaunt, wie sehr sich der Klassenhintergrund der meisten Menschen dort von meinem eigenen unterschied. Ich dachte darüber nach, was für ein Mensch ich sein wollte. Ich war allen dankbar, die mir geholfen hatten, aber ich wollte ihnen auch allen das Gesicht mit einer Metallstange einschlagen. Ich hatte mehrere sexuelle Beziehungen mit Männern, die ich zu Tode hätte prügeln können, doch denen ich stattdessen erlaubte, mich körperlich zu dominieren, weil sie darauf standen. Ich lebte ein Leben, das mir fremd war, und ich wurde immer besser darin. Gelegentlich wurde mir jedoch auch zu verstehen gegeben, dass meine Maske verrutscht oder meine Maskerade an sich nicht gut genug war. Man bezeichnete mich als Abschaum und Chav, man sagte mir, dass ich zurück in die Kanalisation kriechen solle. Sie nannten mich rassistisch, eine Schwuchtel voller Selbsthass, einen Frauenhasser und Psycho. Ich wusste, dass ich besser darin werden musste, wie sie zu sein. Ich beschloss daher, auf eine Fachhochschule zu gehen und Krankenpfleger zu werden, weil ich wusste, dass das akzeptiert werden würde.

Ich fand einen Job, arbeitete nachts in einem Pflegeheim und studierte tagsüber. Im Verlauf meiner Ausbildung lernte ich zwei Lehrende kennen, die mich zum ersten Mal wirklich geistig forderten. Nicht weil ich anderer Meinung war als sie, sondern weil sie mich dazu drängten, meine Ideen weiterzuentwickeln und zu vertiefen. Sie wollten, dass ich gründlicher und tiefgründiger nachdachte. Dafür habe ich sie gehasst. Ich schrieb, las, trank, ging zur Arbeit, las und trank. Auch im Internet forderten mich immer mehr Leute heraus. Meine Beziehung ging zu Ende. Ich kaufte Bücher und hörte Musik. Ich sah mir Filme an und schrieb Geschichten. Ich tat alles in meiner Macht Stehende, um zu vergessen, wer ich war und woher ich kam. Ich ignorierte alles, was ich bei Gramsci, Angela Davis, George Jackson und Emma Goldman gelesen hatte. Ich setzte mich zwar mit ihren Ideen auseinander, aber dachte kaum daran, sie in die Praxis umzusetzen.

Aber halt, ich überspringe hier einiges. Ein paar wichtige Informationen habe ich außen vor gelassen. Ich erzähle zwar, was passiert ist, aber nicht, wie es passiert ist. Wäre ich nicht *weiß*, hätte mir mein Freund zu jener Zeit sicher keine Beachtung geschenkt. Das hätte er nie zugegeben. Doch alle seine Freunde waren *weiß*, er war in einer sehr *weißen* Stadt in Nottinghamshire aufgewachsen und mit Ausnahme von ein paar verstorbenen Schwarzen Musiker:innen stammte seine Lieblingsmusik mehrheitlich von *Weißen*. Alle seine Exfreunde waren *weiß*. Als wir uns kennenlernten, wohnte er zwar nicht in einem *weißen* Viertel, doch er bewegte sich kaum durch seine Wohngegend. Er ging zur Arbeit und kam nach Hause, dann ging er in Clubs, Kneipen und zu Veranstaltungen, wo sich andere *weiße* Menschen tummelten. Die einzigen noch *weißeren* Veranstaltungen, an denen ich bis zu diesem Zeitpunkt teilgenommen hatte, waren die Demonstrationen der *National Front* und der ebenfalls rechtsextremen *British National Party*, zu denen mich mein Vater als Kind mitgenommen hatte. Mein *Weiß*sein war die Grundlage für die Interaktionen mit meinem Freund und seinen Freund:innen. Auch wenn ich Schwarze Männer und Frauen kenne, die sich erfolgreich solch einem *weißen* sozialen Umfeld angepasst haben, habe ich das Gefühl, dass es für mich einfacher war. Allerdings kenne ich auch keine Schwarzen Männer und Frauen aus der Arbeiter:innenklasse, denen dies gelungen ist, obwohl es bestimmt auch solche Fälle gibt – sicherlich ist das aber noch um einiges schwieriger.

Um dich in ein soziales Umfeld zu integrieren, das von *weißen* Mittelschichtsmenschen dominiert wird, kannst du entweder diejenigen deiner Verhaltensweisen und kulturellen Prägungen verbergen, die dort als bedrohlich empfunden werden, oder aber diese Unterschiede umso stärker hervorheben und dich als exotisches Exemplar aufspielen. Ich glaube nicht, dass Letzteres bei mir funktionieren würde, ich bin mir nicht einmal sicher, ob ich damals überhaupt darüber nachdachte. Es gelang mir jedoch, meinen Klassenhintergrund zu verbergen. Ich schaffte es, mir den kulturellen Habitus einer Mittelklassen-Subkultur anzueignen. Wenn ich mich bei Arbeitsagenturen melden musste, verkleidete ich mich als ehemaliger Student einer Universität und sprach so leise und so wenig wie möglich, damit mein Akzent nicht weiter auffiel. Ich ahmte so sehr das Verhalten und die Körpersprache meines Freundes und seiner Freund:innen nach, dass ich wahrscheinlich wie ein schüchterner, etwas ängstlicher Junge aus einer Mittelklassefamilie wirkte, der noch nie eine Freundin hatte und der in der Schule ein wenig gemobbt wurde. Um ehrlich zu sein, hat mir das wahrscheinlich geholfen.

Abgesehen von der Tatsache, dass ich viel Zeit mit schwulen Männern verbrachte, weiß ich nicht, inwieweit es mir in diesem Lebensabschnitt zugutekam, als Mann mit erlernten männlichen Verhaltensweisen gelesen zu werden. Wahrscheinlich aber habe ich die letzten fünfzehn Jahre genau deswegen – und wegen meines *Weiß*seins – überlebt. Ich habe Gewalt erlebt, wurde aus strafrechtlichen und medizinischen Gründen inhaftiert, doch all das wäre viel schlimmer gewesen, wäre ich kein *weißer* Mann. Ich wurde anders behandelt als andere, wurde seltener verhaftet, wurde ermutigt, mich tyrannisch zu verhalten, und wenn ich es tat, wurde es meistens nicht sanktioniert. Es ist wichtig, dass ich das niemals vergesse. Meine Haut, meine Geschlechtsidentität und meine sexuelle Orientierung sind mein Kapital, ich profitiere täglich davon. Es hat mich am Leben erhalten und es mir ermöglicht, die bisher beschriebenen schmerzhaften und verstörenden Erfahrungen zu überstehen.

Auch an der Universität profitierte ich von diesen Privilegien. Der Besuch einer Fachhochschule ist die eine Sache. Ein Zugangskurs dort zieht im Allgemeinen diejenigen an, die in der Schule nicht die beste Zeit oder den größten Erfolg hatten. Aufgrund der Art und Weise, wie das öffentliche Bildungswesen funktioniert, sind dies vor allem Menschen aus der Arbeiter:innen- und Armutsklasse. Die Universität dagegen ist eine komplett andere Geschichte – vor allem die Uni, die früher ganz oben auf dem Hügel lag und die jetzt ein wucherndes Ungetüm ist, das sich immer weiter in der Stadt ausbreitet wie die Gutsherrschaft im Mittelalter. Ich hatte mich nicht an der Universität von Nottingham beworben, weil ich unbedingt dorthin wollte (ich rechnete auch gar nicht damit, dass ich angenommen werden würde), sondern weil ein Teil von mir einfach beweisen wollte, dass ich schlauer war als all die kleinen reichen Scheißer, die dort studierten. Damals bemerkte ich, dass ich nicht auf den Kopf gefallen war. Meine einzige Vergleichsmöglichkeit waren die aktiven und ehemaligen Studierenden, denen ich begegnete und die rein theoretisch das Bücherwissen besaßen, das ich mir gerade aneignete. Immer öfter erwiesen sie sich jedoch ziemliche Idiot:innen. Das also waren die Kids, die an der Universität von Nottingham studierten. Im Grunde begann ich also mein Studium an der Universität auf ähnliche Weise wie meine Beteiligung an den Bare-Knuckle-Boxkämpfen, als ich noch bei der Familie meiner Mutter wohnte. Ich hatte schon als Teenager mit Studierenden zu tun, als ich damals Koks, Ecstasy, Gras und manchmal auch Heroin auf dem Campus vertickte und ein paar von ihnen nachts abzog. Das war oft das Erste, was ich meinen Kommiliton:innen erzählte. Vielleicht habe ich deswegen so häufig alleine gesessen.

Bevor das Studium anfing, begann ich, Hemd, Krawatte und Jackett zu tragen. Ehrlich gesagt dachte ich, dass ich auf diese Weise besser reinpassen würde. Die Logik dahinter war jedoch eher wackelig: Obwohl ich andere Studierende beobachtet hatte und niemand von ihnen im Alltag Hemd oder Krawatte, geschweige denn ein Jackett, trug, dachte ich, dass ich dadurch zumindest meinen sozialen Hintergrund verbergen könne. Ich war 27 Jahre alt, etwas beschämt über und etwas stolz auf meine Herkunft.

Ich hielt es zwei Jahre lang an der Uni aus. Im dritten und letzten Jahr brach ich das Studium ab. Dafür gab es verschiedene Gründe. Ich hatte das Gefühl, mich behauptet zu haben: Ich erzielte gute Noten, beherrschte die Diskussionen in den Seminaren und machte den meisten nicht nur klar, dass ich aus prekären Verhältnissen kam, sondern dass ich auch innerhalb von nur drei Jahren den Wissensstand erreicht hatte, an dem sie ihr ganzes Leben lang gearbeitet hatten. Noch wichtiger war jedoch, dass ich sowohl innerhalb als auch außerhalb der Universität Leute kennenlernte, die die Welt verändern wollten – Antikapitalist:innen, Anarchist:innen und Möchtegern-Sozialrevoluzzer:innen. Für mich waren sie eine weitere Community, die ganz und gar von Leuten mit Kapital dominiert wurde, deren Ton, Stil und Einstellung mir fremd waren, die jedoch ihr Herz am richtigen Fleck zu haben schienen. Ich konnte in vielen Punkten mit ihnen übereinstimmen. Durch das Studium wurde ich selbstbewusster, fast schon arrogant, und ich lernte, mein männliches Durchsetzungsvermögen ohne körperliche Aggression auszuspielen. Ich war von Menschen umgeben, die ein starkes Anspruchsdenken an den Tag legten, was auch auf mich einen Einfluss hatte. Meine eigene Anspruchshaltung war nicht auf Essen, Wohnen, Liebe oder Sicherheit bezogen. Stattdessen entwickelte ich den Anspruch, dass mir alle zuhören mussten, wenn ich etwas zu sagen hatte. Viele Menschen an der Uni engagierten sich für soziale Gerechtigkeit, aber hatten selbst kaum Ungerechtigkeit erfahren, vor allem im Vergleich zu mir. Damals hatte ich wenig Ahnung von Geschlechterverhältnissen und Rassismus. Meine gesamte politische Analyse war schwach, mit Ausnahme meiner Klassenanalyse, die wiederum bei meinen Kommiliton:innen der Schwachpunkt war – also biss ich mich daran fest. Ich nutzte mein soziales Kapital als *weißer* Mann und vermehrte es durch meine Lebenserfahrungen.

Ich werde an anderer Stelle ausführlicher über die sozialen Bewegungen schreiben, an denen ich mich in den letzten zehn Jahren beteiligt habe. An dieser Stelle möchte ich mich auf das konzentrieren, was ich aus ihnen mitgenommen habe, auf die Formen von Kapital, die ihnen zur Verfügung standen und wie sie diese in der Mehrheitsgesellschaft einsetzten. Eines der wichtigsten Dinge, die ich aus diesen studentischen Bewegungen mitnahm, war nicht nur, dass sie für mich als eine Art Ventil fungierten, sondern auch, dass ich durch sie lernte, die Fähigkeiten, die auf der Straße entwickelt hatte, auf gesellschaftlich akzeptierte Art und Weise einzusetzen. Ich war überzeugend, multitaskingfähig, organisiert und pünktlich, und Situationen, die für Menschen aus einer behüteten Umgebung stressig waren, waren für mich nicht so belastend. All diese Eigenschaften wurden in diesen sozialen Bewegungen hochgeschätzt.

Dass einige dieser Fähigkeiten aufgrund unserer Sozialisierung eher bei Männern ausgeprägt sind, wurde nicht ausreichend infrage gestellt. Obwohl viel über verinnerlichte patriarchale Verhaltensmuster gesprochen wurde, wurden die tatsächlichen Gruppenstrukturen und Arbeitsweisen kaum verändert. Diese männlich geprägten Eigenschaften blieben dadurch zentral und weitgehend erhalten.

Hätte ich als Frau dieselben Erfahrungen gemacht und genauso viele Vergewaltigungen durchlebt, wäre die Wahrscheinlichkeit, schwanger zu werden, sehr hoch gewesen. Aus verschiedenen Gründen hätte ich mich vielleicht dafür entschieden, das Kind zu behalten, und hätte versucht, es großzuziehen. Wäre meine Multitasking-Fähigkeit und meine Pünktlichkeit genauso aufgefallen, wenn ich eine Mutter Ende zwanzig gewesen wäre? Hätte ich mich ebenso unbedacht in stressige Situationen begeben, wenn ich danach nach Hause zu meinem Kind hätte zurückkehren müssen? Wäre ich als überzeugend empfunden worden, wenn ich mitten während eines Plenums nach meinem Kind hätte sehen müssen? Ich denke nicht, und die sozialen Bewegungen, von denen ich ein Teil war, hätten sich diesem Umstand angepasst oder auch nicht. Meiner Erfahrung nach hätten sie es aber wahrscheinlich nicht getan. Ich wäre als Person angesehen worden, die viel Raum einnimmt, die Hilfe braucht und Ressourcen für sich beansprucht, statt eine, die gibt und sich aufopfert. All das ist natürlich Quatsch, aber ich habe genau diese Dynamik schon in unterschiedlichen Varianten beobachten können.

Hätte ich als nicht-*weißer* Mensch ähnliche Erfahrungen gemacht wie bisher, wäre ich häufiger verhaftet worden. Ich hätte höchstwahrscheinlich länger gesessen und hätte es schwerer gehabt, in einem *weißen*, kapitaldominierten Umfeld zu bestehen. Aufgrund der problematischen sozialen Zusammensetzung der Bewegungen, an denen ich beteiligt war, sah ich nie genau, was People of Colour aus der Arbeiter:innenklasse oder aus prekären Verhältnissen alles machen mussten, um sich in diesen Kreisen zurechtzufinden, denn sie wurden offensichtlich bereits im Vorhinein aus diesen Zusammenhängen ausgeschlossen.

Meine *weiße* Männlichkeit ermöglichte es mir also, in diesen Kreisen mitzuwirken, in denen ich für meine Fähigkeiten gelobt wurde. Vor allem aber hatten diese Bewegungen einen sozialen Nutzen, der über sie selbst hinausging. Auch wenn sie nicht besonders erfolgreich waren oder hoch angesehen wurden, ist es für Leute in Machtpositionen immer noch wesentlich angenehmer, wenn eine Person erzählt, sie hätte ihre Organisierungsfähigkeit in sozialen Bewegungen erlangt, statt als Kindersexarbeiter, Drogendealer oder obdachloser Süchtiger. Ich habe dank dieser Bewegungen Jobs bekommen, die mir sonst verwehrt geblieben wären. Ich erweiterte meine Sprachkenntnisse, und ich kam mit Ideen und Werten in Berührung, die für mich unglaublich wichtig wurden und die meine Identität prägten. All das stärkte meine finanziellen und mentalen Ressourcen. Das ist ein Grundprinzip unseres kapitalistischen Systems: Kapital erzeugt mehr Kapital. Im Großen und Ganzen bin ich in der wirtschaftlichen Nahrungskette allerdings nicht sehr weit nach oben geklettert: von der Armuts- zur als anständig angesehenen Arbeiter:innenklasse. Finanziell gesehen geht es mir relativ gut und ich werde in den Communitys, in denen ich mich bewege, respektiert, weil alle annehmen, dass ich hart für sie und für mich gekämpft hätte. Die Wahrheit ist unendlich viel komplizierter.

I remember Watching ...... from our kitchen window. I didn't think I would see that much.
We love love ..... we do

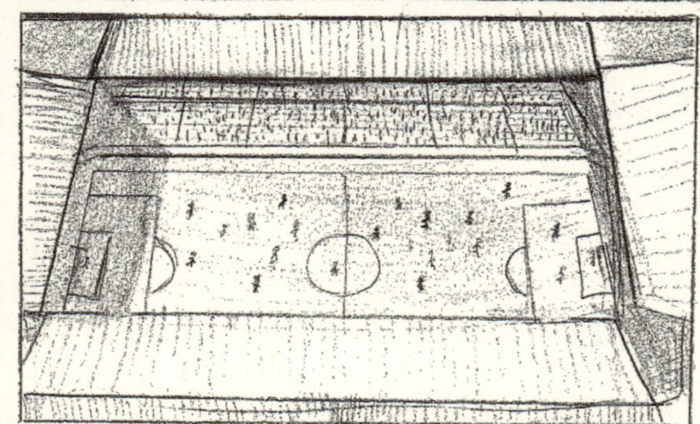

It Wasn't very comfortable.
come on ....... !

After the match I'd meet my Dad outside the pub
Can I come in?
No, Wait here

So I'd wait 'till he Was ready.
THE OAK
gets the ball He scores!

When him and his friends came out they'd be drunk...
We're going to kill them
YEAH.

When they Were drunk, they thought of two things:
PAKI SHOP
NF

TAKE our Jobs TAKE our Women.
Fucking PAKI
LEAVE ME ALONE
Stab him for England
Your Dad is A real Englishman
I know

# Ich, der Rassist

2014 wurden die zwei ehemaligen Black Panthers Lorenzo Kom'boa Ervin und JoNina Abron-Ervin, die ihr ganzes Leben dem revolutionären Community-Organizing gewidmet haben, zur Anarchistischen Buchmesse in London eingeladen. Im Rahmen ihres Besuchs machten sie noch eine kleine Tour durchs Land. Sie kamen auch nach Nottingham und hielten dort großzügigerweise zwei Vorträge. Einer davon behandelte die Geschichte der *Black Panther Party* und fand im Hyson Green Youth Club statt. Im zweiten ging es um Rassismus in der radikalen Linken. Dieser Vortrag fand in dem sozialen Zentrum Sumac Centre statt. Der erste Vortrag war extrem gut besucht. Ich hatte dafür einen zu kleinen Raum angemietet, der bereits früh vollgestopft mit Menschen war, die zur *weißen* radikalen Linken gezählt werden können. Die Mitglieder der örtlichen Schwarzen Community, die später (in geringerer Anzahl als die *weißen* Aktivist:innen) dazu kamen, hatten Mühe, einen Platz zu finden, um dem eindrucksvollen Vortrag beizuwohnen.

Dass so wenige Leute aus der Schwarzen Community teilnahmen, war vor allem mein Fehler. Ich hatte die Veranstaltung einfach zu wenig beworben. Und wenn es auch ein Stück weit Fehlkommunikation war, kann mir ebenfalls die Anmietung des zu kleinen Raumes angelastet werden, da ich zu wenig aufpasst hatte. Wenn ich nochmal so eine Veranstaltung organisieren würde, würde ich die *weißen* Revolutionär:innen draußen warten lassen, bis alle aus der Schwarzen Community, die teilnehmen wollten, einen Sitzplatz gefunden hätten, und erst dann die *weißen* Revolutionär:innen hereinlassen.

Der zweite Vortrag im Sumac Centre wiederum offenbarte dann die totale Feigheit der radikalen Linken in Nottingham. Während 40 Personen sich dazu herabgelassen hatten, dem ersten Vortrag zuzuhören, tauchten weniger als zehn zum Vortrag im Sumac Centre auf. Hinzu kamen noch ein paar *Weiße* aus Leeds und Sheffield. Lorenzo und JoNina hielten erneut einen eindrucksvollen, offenen, schonungslos ehrlichen und vor allem zutiefst wahren Vortrag. Statt hier jetzt eine unzureichende Zusammenfassung davon zu geben, möchte ich euch ans Herz legen, »The Progressive Plantation: Racism Inside White Radical Social Change Groups« von Lorenzo Kom'boa Ervin zu lesen.

Nach diesem Vortrag gab uns ein revolutionäres Mitglied aus der Schwarzen Community Nottinghams die Möglichkeit, unser Kollektiv (d.h. das *weiße* revolutionäre Kollektiv) weiterzuentwickeln, indem wir uns in mehreren Treffen gemeinsam eingehender mit »The Progressive Plantation« und unserem eigenen internalisierten Rassismus beschäftigten.

Ich werde nicht im Namen der anderen *weißen* Teilnehmer:innen sprechen. Für mich jedoch war es, auch wenn es ein augenöffnender Prozess war, nicht ansatzweise so herausfordernd, wie es hätte sein können. Das lag zum Teil daran, dass ich dem Ganzen recht arrogant begegnete, aber auch daran, dass wir *weißen* Teilnehmer:innen sehr stark entlang einer Klassenlinie getrennt waren: Zu jeder Sitzung kamen fünf Personen, die sich selbst als Angehörige der Mittelklasse bezeichneten, und drei, die aus der Arbeiter:innenklasse beziehungsweise aus armen Verhältnissen kamen.

Der Prozess war für diejenigen aus der Mittelklasse viel herausfordernder, ich hingegen hatte weniger zu kämpfen. Es war für mich leicht zuzugeben, dass ich als Kind an Aufmärschen der faschistischen *National Front* teilgenommen und als Teenager nicht-*weiße* Personen auf alle erdenklichen kolonialistischen Weisen beleidigt hatte. Ich denke schon lange über diese Dinge nach und habe daher Wege gefunden, um darüber sprechen zu können.

Mein internalisierter Rassismus als junger Mensch saß tief und war wenig komplex. Allerdings gab ich auch nie vor, der Vorzeigebürger einer multikulturellen Gesellschaft zu sein. Wenn in der Universität oder in linken Kreisen über Rassismus gesprochen wurde, ging es um Menschen wie mich und meine Familie.

Ich konnte ihre Kritik annehmen und sie nutzen, um die Gründe für meinen Rassismus zu verstehen. Die anderen, die ihr Leben lang im Sinne eines liberalen und multikulturellen bürgerlichen Ideals erzogen worden waren, mussten für ein Verständnis ihrer rassistischen Verhaltensweisen tiefer graben. Es war natürlich auch nicht alles ganz einfach für mich, aber ich weiß, dass ich mich hätte mehr anstrengen können und dass ich respektvoller gegenüber den Bemühungen der Moderation und der anderen People of Colour hätte sein können, die gelegentlich hinzustießen, um mit uns zu reden.

Die Moderation forderte uns nicht nur dazu auf, zu erkennen, auf welche Art und Weise wir im Laufe unseres Lebens von Rassismus profitiert haben, sondern auch dazu, uns an Momente zu erinnern, in denen wir rassistische Strukturen bewusst zu unserem eigenen Vorteil und zum Nachteil anderer Menschen eingesetzt hatten. Das Ziel dieses Prozesses war es, auf ehrliche Weise unser Verhältnis zu und unsere Rolle in den von *weißer* Vorherrschaft geprägten gesellschaftlichen Strukturen zu bestimmen, um letztlich bessere Solidaritätsarbeit für People of Colour leisten zu können und um zu verstehen, welchen Schaden wir in der Vergangenheit angerichtet haben, wenn wir zwar ehrlich, aber unüberlegt versuchten, solidarisch zu handeln.

Seitdem fordere ich mich mehr heraus. Die Reflexionsprozesse und die politische Weiterbildung sind integraler Bestandteil der politischen Projekte, an denen ich mich immer noch beteilige. Aber in diesem Essay geht es nicht darum, wie ich mich geändert und gebessert habe, sondern darum, wer ich war und wie Teile dieses alten Ichs noch immer in mir sind.

Ich tue dies nicht, weil es mir einen Kick gibt, mich öffentlich bloßzustellen oder weil ich gern meine Schuld beteuere. Schuldgefühle diesbezüglich sind vielleicht für eine Minute, eventuell auch mal für fünf, nützlich. Doch es ist für alle, die sich an revolutionärer gesellschaftlicher Veränderung beteiligen wollen, zentral, diesen Prozess zu durchlaufen. Das sollte auch bei unzähligen anderen Themen geschehen (inklusive, aber nicht beschränkt auf Klasse, Geschlecht, Ableismus und Sexualität).

Dieser Prozess ist die Mühe wert, selbst wenn man sich nicht aktiv an einer revolutionär gesinnten Organisationen beteiligt, sondern lediglich in dieser Gesellschaft existiert und regelmäßig mit anderen Menschen interagiert. Der Grund dafür, dass ich das hier ausbreite, ist, weil ich das Leben aus der Perspektive eines *weißen* Menschen erfahren habe und hier über Armut und die Arbeiter:innenklasse im Vereinigten Königreich schreibe – beides betrifft in diesem Land überproportional People of Colour.

Ich glaube, dass *weiße* Menschen aus der Arbeiter:innenklasse und aus armen Verhältnissen auf einen revolutionären Wandel hinarbeiten müssen. Um dies zu tun, müssen wir uns als Teil unserer politischen Praxis mit der Struktur der *weißen* Vorherrschaft, in der wir leben und von der wir so stark profitierten, auseinandersetzen. Nur so können wir einen Beitrag zu ihrer Zerstörung leisten. Wenn wir unsere Rolle in den von Unterdrückung geprägten gesellschaftlichen Strukturen nicht verstehen, können wir nicht gegen sie angehen. Dann sind wir dazu verdammt, sie immer wieder zu reproduzieren.

Die ersten zehn Jahre meines Lebens verbrachte ich unter *Irish Travellers* und *weißen* britischen Nationalist:innen: Weder die eine, noch die andere Gruppe ist historisch dafür bekannt, antirassistisch zu sein. Meine Verwandten auf der Seite der Irish Travellers, mit denen ich weitaus mehr Zeit verbrachte, benutzten tagtäglich rassistische Begriffe, die ich übernahm, ohne sie zu hinterfragen.

People of Colour wurde in dem Umfeld, in dem ich aufwuchs, jegliche Menschlichkeit abgesprochen, was einen starken Einfluss auf mein Denken hatte. Obwohl meine Familie selber zu einer stark verfolgten Minderheit gehörte, übernahmen sie ungeniert die Sprache ihrer Unterdrücker:innen, wenn es um andere ethnische oder religiöse Gruppen ging. Für jene unter euch, die stolz auf ihre irischen Wurzeln sind: bleibt stolz. Aber kommt mir nicht mit dem Argument, dass auch die Ir:innen versklavt waren.

Es ist nicht dasselbe wie die Vertragsknechtschaft in der Karibik und in den Südstaaten zu Beginn des Bestehens der USA. Die Sklaverei der irischen Menschen war nicht die Sklaverei, die den wirtschaftlichen Erfolg Englands ermöglichte und aufrechterhielt. Sie hat auch nicht die Ausrichtung der letzten dreihundert Jahre der Globalisierung besonders geprägt. Die Situation war furchtbar, ja, aber sie ist nicht gleichzusetzen mit dem transatlantischen Sklavenhandel. Wenn sie angeführt werden sollte, dann deshalb, um aufzuzeigen, wie beschissen die englische Regierung seit Anfang an war.

Alle Mitglieder meiner Familie zusammen verloren nicht mehr als ein paar Dutzend positive, von Menschlichkeit geprägte Worte über People of Colour, aber sie versuchten auch nicht, von außen auf deren Leben einzuwirken. Sie waren eher eine nach innen gerichtete, sich selbst verteidigende Community, statt eine, die grundsätzlich auf Angriff ausgerichtet war, was nicht bedeuten soll, dass, hätten sie größere soziale Macht besessen, nicht so geworden wären. Es gab sogar einige Situationen, in denen dieser Teil meiner Familie an der Seite von Menschen aus der pakistanischen Community gegen *weiße* britische Jugendliche kämpfte.

Es passierte mehr als einmal, dass afrokaribische Männer zur Unterstützung eilten, wenn die Bullen bei einer Familie in unserer Nachbarschaft eine Razzia durchführten. Diese Solidarität wurde erwidert. Doch wenn ich zurückblicke, hätte unsere Sprache ihnen gegenüber nicht ekelhafter sein können. Ich erinnere mich, wie ich sie mit sechs, sieben, acht Jahren auf dem Pausenhof und im Park beim Fußballspielen selbst benutzte. Ich benutzte sie in der stillen Gewissheit, dass es den betroffenen Kindern schwerfallen würde, etwas darauf zu erwidern. Entweder weil ihnen von ihren Eltern beigebracht worden war, besser auch noch die andere Wange hinzuhalten (beziehungsweise dass ihnen, egal um was es sich handelt, aufgrund ihrer Hautfarbe sowieso die Schuld zugeschoben werden würde), oder weil sie von dem Ruf meiner Familie, auch ohne große Provokation Kniescheiben zu zertrümmern oder Autos in Brand zu setzen, eingeschüchtert waren. Die Gewissheit, so sprechen zu können, und das Gefühl, dazu berechtigt zu sein, hatte ich noch Jahre nachdem ich schon nicht mehr mit meiner Familie zusammenlebte.

Ich sagte diese Dinge auch noch, als ich in eine urbanere Gegend zog, in die der Ruf meiner Familie noch nicht vorgedrungen war und in der People of Colour mehr Unterstützung in solchen Situationen erfuhren. Mein Verhalten hatte zur Folge, dass ich mehrfach verprügelt wurde. Doch die Schläge hielten mich nicht davon ab, die rassistischen Beleidigungen mental auszusprechen. Viel eher machten sie mich wütend, weil ich davon ausging, dass mir etwas weggenommen wurde, von dem ich dachte, es würde mir zustehen. Das soll nicht bedeuten, dass ich die Schläge nicht verdient hätte – sie hätten übrigens weitaus schlimmer sein können.

Die anderen Erwachsenen, die mir von Kindestagen an einen ordentlichen Rassismus einpflanzten, waren mein Vater und seine Kumpel. Sie waren organisierte Fußball-Hooligans und Teil der rechtsextremen nationalistischen Bewegung. Ich nahm damals mit ihnen an Aufmärschen der *National Front* teil, wo ich auf die Schultern erwachsener Männer gehoben und dazu ermutigt wurde, Affengeräusche nachzuahmen und Bananen zu werfen. Ich saß in den Pubs mit dabei, während sie – und andere Männer wie sie – über die »Seuche dunkelhäutiger Menschen« diskutierten, die den *weißen* Engländern Jobs und Frauen wegnehmen würden.

Aufgrund der Demografie der Stadt in der Grafschaft Lancashire, in der ich aufwuchs, bekamen Menschen aus Pakistan und Indien diesen Hass physisch am stärksten ab, aber wenn sie redeten, sparten sich diese *weißen* Engländer die übelsten Beleidigungen für Schwarze Männer auf.

Ich spielte im Juniorteam des professionellen Fußballklubs der Stadt, was meinen Vater stolz machte. Bei den Spielen schaute er oft zu und nahm dazu auch seine Freunde mit. Wenn im gegnerischen Team ein Schwarzer Spieler war, beschimpfte mein Vater die Familie des Jungen unverhohlen und stachelte mich dazu an, ihn fertigzumachen (man beachte, dass wir gerade einmal acht oder neun Jahre alt waren). Ich versuchte, genau das bei mehr als einer Gelegenheit zu erreichen, indem ich auf den jeweiligen Jungen eintrat oder ihn zu Boden warf, ohne besonders darauf zu achten, wo der Ball war. Nach einem dieser Vorfälle wurde ich vom Platz geschickt und mein Vater und seine Freunde jagten den Vater des betreffenden Spielers fort, während die Bullen vor Ort nur tatenlos zuschauten.

Sowohl die Irish Travellers als auch die *weißen* Arbeiter:innen in meiner Familie betrachteten sich als die am stärksten Marginalisierten, als diejenigen, auf die alle einschlugen. Das war den beiden Seiten meiner Familie gemein. Nicht nur das, sondern beide Seiten dachten ebenfalls, dass alle anderen marginalisierten Gruppen mit den Herrschenden im Bunde stehen würden.

Heutzutage erklingen wieder die gleichen Töne: »Die Elite und die linken Spinner machen mit den Muslimen gemeinsame Sache, um die Scharia in das Vereinigte Königreich zu bringen.« Denkweisen wie diese saßen auf beiden Seiten meiner Familie tief und schossen aus ihren Mündern wie aus einer Pistole. Damals wurde mir beigebracht, dass nur weiße Haut menschliche Haut sei, dass *weiße* Menschen hier nicht nur die ursprünglichen, sondern die einzigen Menschen seien und alle anderen nichts weiter als Tiere.

Meine Weltsicht begann sich zwischen meinem zehnten und meinem fünfzehnten Lebensjahr zu verändern. In dieser Zeit wohnte ich in NG7 (die Postleitzahl eines Stadtteils von Nottingham) und die Kids, mit denen ich unterwegs war, kamen meistens aus armen Familien und verbrachten nicht viel Zeit zu Hause.

Wir waren eine in ethnischer Hinsicht wild zusammengewürfelte Truppe und aufgrund unseres sozioökonomischen Hintergrunds waren unsere sozialen Kontakte nicht auf die jeweils eigene Herkunftsgemeinschaft reduziert. Wie ich bereits erwähnt habe, hielt mich das allerdings nicht davon ab, fürchterliche Scheiße von mir zu geben. Es bedeutete nur, dass ich öfter mit den Konsequenzen leben musste. Doch das alleine änderte nichts in mir. Es ist nur einfach viel schwieriger, einen Typen, den du nicht magst, aufgrund seiner Hautfarbe zu beleidigen, wenn die Kids neben dir, die noch vor einer Sekunde den Typen mit dir zusammen fertiggemacht haben, dieselbe Hautfarbe haben und dich ansehen, als wärst du ein verdammtes Arschloch.

Diese Kids hielten mir in vielen Situationen den Rücken frei, und ich ihnen ihren. Nicht alle waren Sexarbeiter:innen oder Drogendealer:innen, aber alle schlugen sich – wie ich – irgendwie durch, um zu überleben. Wenn die einzigen Menschen an deiner Seite die Hautfarbe haben, von der deine eigene Familie behauptet, dass diese sie weniger menschlich machen würde, dann musst du anfangen, einen Teil dieser Scheiße einfach zu ignorieren.

Diesen Scheiß zu ignorieren bedeutet aber nicht, dass damit der eigene internalisierte Rassismus einfach überwunden ist. Ebenso wenig überwindet man ihn einfach, indem man Schwarze Popkultur konsumiert, was ich ebenfalls tat – wenn auch nicht aufgrund einer tiefergehenden Reflexion meines Konsumverhaltens, sondern deshalb, weil es einfach das war, was es gab. Biggie, Ice-T, Tupac und NWA waren der Sound meiner Jugend und dazu gehörte auch die entsprechende Sprache und Kleidung. Nichts davon führte allerdings dazu, dass ich dadurch den Rassismus oder die Kulturen, aus denen diese Ausdrucksformen stammten, besser verstand.

Ich konsumierte einfach das, was verfügbar war. Und irische Musikabende im örtlichen Pub waren dabei nicht ansatzweise so cool für mein 12-jähriges Ich wie diese anderen Dinge. Wenn man bedenkt, dass ich heutzutage wie eine Mischung zwischen dem Satiriker Ian Hislop und Orville die Ente klinge, ist es wahrscheinlich überraschend, dass ich in meinen Teenagerjahren einen Dialekt hatte, der ein wilde Mischung mit

Einflüssen aus dem Irischen, Regionaldialekten aus Lancaster und Nottingham sowie aus dem jamaikanisch-kreolischen Patois war.

Dieser Dialekt bescherte mir meine erste Lektion in Sachen kultureller Aneignung. Als ich versuchte, auf diese Weise mit einem Jamaikaner in einem Gefängnis in Brixton zu sprechen, schlug er mich so gründlich zusammen, dass ich zwei Wochen lang meine Augen nicht mehr richtig öffnen konnte. Es wurde mir damit sehr deutlich zu verstehen gegeben, dass mir diese Art des Sprechens unter keinen Umständen zusteht.

Ich nutzte weiterhin sowohl bewusst als auch unbewusst Rassismus zu meinem eigenen Vorteil. Bei Boxkämpfen provozierte ich meine Gegner, indem ich ihnen rassistische Beleidigungen zuflüsterte. Der Rassismus der Betreuer:innen in den Kinderheimen und der der Wärter:innen in den Jugendstrafanstalten führte dazu, dass ich mit mehr Respekt behandelt wurde.

Das heißt nicht, dass sie mich immer gut behandelt hätten, aber die Farbe meiner Haut brachte mir doch in vielen Situationen erhebliche Vorteile ein. Sie waren beispielsweise nachsichtiger mit mir, wenn es um Bestrafungen ging. Selbst wenn ein anderer, Schwarzer Junge und ich bei derselben Sache erwischt worden waren, wurde er härter bestraft als ich.

Als ich obdachlos war, wurde ich viel seltener als andere gleichaltrige, aber nicht-*weiße* Obdachlose weggejagt, angehalten, nach Drogen und Waffen durchsucht oder verhaftet. All die seelischen Narben, die ich heute mit mir herumtrage, wären viel schlimmer gewesen, hätte ich eine andere Hautfarbe gehabt. Ich glaube wirklich, dass ich heute tot wäre, wäre ich nicht *weiß*.

Aufgrund dieser Erfahrungen habe ich versucht, die rassistischen Vorstellungen, mit denen ich aufgewachsen bin, aus meinem Kopf zu tilgen, aber dieser Prozess ist unvollendet. Als ich mit Mitte zwanzig begann, mich intensiver damit zu beschäftigen, waren diese Vorstellungen zwar schon schwächer als noch zehn Jahre zuvor, aber sie waren immer noch da und ich war mir ihnen zum größten Teil nicht bewusst. Mein Leben auf der Straße hatte mich hauptsächlich gelehrt, dass es inakzeptabel ist, sie zu artikulieren. Seite an Seite mit Schwarzen und Braunen Menschen zu leben und zu überleben brachte mir allerdings auch das große Glück ein, einen anderen Blick auf die Welt zu erlangen als nur den, der mir als Kind eingepflanzt wurde. Doch mit fortschreitender Bildung und insbesondere als ich auf die Fachhochschule und dann auf die Universität ging, traten einige der alten Vorstellungen wieder auf den Plan. Die meisten Bücher, die ich las, waren von *weißen* Menschen geschrieben. Die Filme und Fernsehprogramme, die ich mir anschaute, drehten sich hauptsächlich um *weiße* Menschen.

Die Bücher von Schwarzen Menschen und über Schwarze Menschen, die ich las, behandelten nicht die Zivilisationen Afrikas, die über Jahrhunderte hinweg weitaus entwickelter waren als jene in Europa und Amerika, sondern sie behandelten stattdessen Versklavung, städtische Verelendung, Gefängnisse und Gewalt. Sowohl auf der Fachhochschule als auch an der Uni wurde ich bis auf eine Ausnahme ausschließlich von *weißen* Dozierenden unterrichtet. Die radikalen politischen Zusammenhänge, in denen ich mich schließlich bewegte, waren überwiegend *weiß*, ebenso wie die mich umgebende Mehrheitskultur.

Ich lebte – wie mittlerweile seit 25 Jahren – inmitten eines sehr diversen Umfeldes, was *Race* und Ethnizität anging, doch ich trug in mir dennoch einen Rassismus, der sich dadurch ergab, dass ich mich unmittelbar und intellektuell vor allem mit *weißen* Menschen umgab. Über die Jahre habe ich mehr und mehr über die Geschichte Schwarzer und Brauner Menschen gelesen, aber wir leben in einer Gesellschaft, die ihr Bestes tut, damit dieses Wissen verdrängt wird, weshalb dieser Lernprozess noch lange nicht abgeschlossen ist.

Ich habe mehrere Jahre lang viel Zeit und Energie in die politische Arbeit zum Thema Migration investiert, doch damit verschob sich mein Rassismus lediglich von Abscheu und Gewalt hin zu Bevormundung und Mitleid. Ich interagierte in dieser Zeit mit nicht-*weißen* Migrant:innen nicht auf Augenhöhe, sondern behandelte sie als Menschen, die von meiner Hilfe abhingen. Als mir dieses Verhalten bewusst wurde, zog ich mich, statt bei mir selbst anzusetzen, aus diesen politischen Kämpfen zurück. Ich fand auch noch andere fadenscheinige Gründe, die darauf basierten, was ich als angeblich gute Politik ansah, aber in Wahrheit war es meine eigene Unfähigkeit, mich wirklich mit meinem Rassismus auseinanderzusetzen, die mich dazu bewog, mich zurückzuziehen.

Indem ich eine Situation verließ, die ich als schwierig empfand, aber Politik als Ausrede nutzte, konnte ich weiterhin das Ansehen behalten, das ich durch mein Engagement in diesem Bereich erworben hatte, und gleichzeitig konnte ich den Anschein erwecken, dass ich mich einer wichtigeren politischen Arbeit zuwenden würde. Für diejenigen *Weißen* unter uns, die sich im migrationspolitischen und antirassistischen Bereich engagieren, ist es von entscheidender Bedeutung, ständig wachsam hinsichtlich der tatsächlichen Motivation und der Art und Weise zu sein, wie wir uns engagieren. Im letzten Jahr habe ich begonnen, darüber nachzudenken, mich wieder konsequenter an diesen Kämpfen zu beteiligen, doch dabei muss ich sehr vorsichtig sein und herausfinden, was für eine Beteiligung meinerseits überhaupt hilfreich ist.

Wenn ich im Rahmen dieser Kämpfe an Sitzungen teilnehme, sollte ich schweigen, weil ich weiß, dass meine Beobachtungen und Beiträge nicht gebraucht werden, und bei Demonstrationen sollte ich mich vom Mikrofon fernhalten. Wenn ich ein Schild oder ein Transparent hochhalte, muss ich darauf achten, dass die Botschaft darauf kohärent ist mit meiner Position innerhalb dieses Systems der *weißen* Vorherrschaft. Meine Aufgabe besteht in erster Linie darin, mit denjenigen aus der *weißen* Arbeiter:innenklasse zu arbeiten, die für rassistische Ideologien anfällig sind, sowie mit denjenigen, die diese Ideologien nutzen, um ihre eigene Macht aufrechtzuerhalten. Das alles muss ich jedoch mit einem Bewusstsein für meine eigenen Fehler tun, die ich in dieser Hinsicht mein Leben lang begangen habe.

## Ausgeliefert

Ich bin zwanzig Jahre alt und liege mit einer Überdosis im Krankenhaus – nicht zum ersten Mal. Ich bin mit Handschellen ans Bett gefesselt, weil ich nachts das Krankenhauspersonal angegriffen habe. Keine Ahnung, wie viele Tage ich schon im Krankenhaus liege, ich bin mit Medikamenten vollgepumpt. Alles ist in einen grauen Nebel eingehüllt. Das Pflegepersonal sieht ab und zu nach mir, betrachtet die Maschinen, an denen ich angeschlossen bin, und die Patienteninformationen, die an meinem Bett festgemacht sind. Ich schlafe ständig ein, wache auf, nicke wieder ein. Ich werde geweckt, von meinem Bett befreit und zu einem Polizeiauto gebracht, das draußen wartet. Ich werde festgenommen und in eine Zelle gesteckt. Drei Tage später erfahre ich, dass keine Anklage erhoben wird und werde wieder freigelassen.

Ich durchquere die Stadt auf der Suche nach meinem Freund Faizan. Wir dröhnen uns zu und er erzählt mir von seinem Plan. Wir schnappen uns zwei abgesägte Schrotflinten und rauben das Lager einiger Dealer aus. Wir erbeuten drei Riesen in bar und Koks im Wert von sechs Riesen. Als sie uns finden, sind wir schon eine Woche lang high. Ich werde zwei Tage lang gefesselt und mein Freund geschlagen, bis sie ihm irgendwann in die Kniescheiben schießen. Danach drücken sie mir eine Waffe in die Hand und befehlen mir, das Doppelte von dem aufzutreiben, was wir ihnen gestohlen hatten. Als ich das Geld zusammenhabe und ihnen bringe, schlagen sie mich mit Metallstangen zusammen, brechen mir beide Arme, fast alle Rippen und verpassen mir einen Schädelbasisbruch.

Ich wache wieder im Krankenhaus auf. Die Bullen verhören mich stundenlang und fragen, was mit Faizan passiert sei. Dieser sei bewusstlos und werde für längere Zeit nicht mehr gehen können. Ich sage nichts, starre nur auf den beschissenen Krankenhausvorhang und wünschte, ich wäre wieder auf der Straße.

Zehn Jahre später liege ich wieder im Krankenhaus, diesmal für eine kleine Herzoperation. Mein Partner ist bei mir, regelmäßig kommen Freund:innen zu Besuch vorbei. Ich verhalte mich wie ein Arsch und nerve das Pflegepersonal, weil ich ständig mein Bett verlasse, um draußen eine Kippe zu rauchen. Die Ärzt:innen und die Pflegenden sprechen freundlich und respektvoll mit mir, und ich werde von ihnen und meinen Freund:innen umsorgt. Ich möchte wirklich nicht im Krankenhaus sein, aber immerhin glaube ich nicht, dass die Bullen mich diesmal verhören werden, obwohl ich in den letzten Jahren aufgrund politischer Aktionen gelegentlich verhaftet und an Flughäfen und bei Fährüberfahrten angehalten wurde. In ihren Augen bin ich jetzt eine andere Art von Problemfall. Wenn ich in ein paar Tagen nach Hause komme, erwartet mich ein warmes Zimmer in einem warmen Haus, mit vielen Menschen, die mir helfen werden, wieder auf die Beine zu kommen, und die dafür sorgen werden, dass ich zu essen habe und dass ich mich nicht allzu unwohl fühle.

Ich bin neun Jahre alt, zwanzig Jahre vor meiner kleinen Herzoperation. Dickflüssiges Blut fließt aus meinem Arsch – die Folge eines Billardstocks, der mir hineingerammt wurde, als mein Großvater und seine Freunde mich eines Nachts als wegwerfbares Sexspielzeug benutzten. Ich sitze im hinteren Teil des Klassenzimmers und spüre, wie sich der Blutstrang an meinem Oberschenkel entlangdrückt. Ein Junge in der Nähe wirft etwas nach mir. Ich stehe auf und schlage ihm so fest ich kann ins Gesicht, er schreit auf und fällt von seinem Stuhl. Die Lehrerin stürmt auf mich zu, packt mich am Arm und zieht mich zur Tür. Ich schwinge meine Fäuste und Beine nach ihr, aber sie verdreht mir den Arm. Die Kinder fangen an zu schreien, dass ich mir in die Hose gemacht habe, lachen und grölen vor Freude. Ich wirble mit meinen Beinen wild umher und trete Tische um. Andere Lehrer:innen stürmen herein, ich höre nicht auf und trete weiter nach allem in meinem Sichtfeld. Ich werde auf den Boden gedrückt, bis ich mich beruhige und aus dem Raum getragen werde. Ich sage der Lehrerin, dass ich mich vollgeschissen habe. Sie besorgt mir eine neue Hose und versucht, meine Familie anzurufen. Die Schulkrankenschwester stellt mir Fragen: Was hast du gegessen, wieso bist du nicht auf die Toilette gegangen, wieso bist du so wütend. Ich klammere mich an meine alte Hose, weil ich weiß, dass die Lehrer:innen erkennen werden, dass sie nicht voller Scheiße ist, sollten sie genauer hinsehen. Das könnte ganz andere Fragen aufwerfen. Ich höre sie darüber reden, dass meine Mutter im Krankenhaus liegt, ich höre sie darüber reden, wie schlimm meine Cousins und Cousinen sind. Sie geben mir eine Plastiktüte, in die ich meine Hose packe, schicken mich nach Hause und sagen, dass meine Großmutter auf mich wartet.

Mein Leben hat sich seither stark verändert, doch mit meiner Vergangenheit werde ich immer verbunden sein. Nicht nur wegen der Brutalität, die ich erlebt habe, sondern auch, weil es eine Zeit war, in der ich als Mensch gewachsen bin und viel gelernt habe. Meine Vergangenheit hat mich und meine Wahrnehmung der Welt geprägt. Ich habe durch meine Vergangenheit gelernt, Institutionen jeglicher Art zu misstrauen, Autoritätspersonen und Bürokrat:innen zu misstrauen, und auch dem Gefühl von Wohlbefinden und Sicherheit zu misstrauen. Ganz egal, wie lange ich mich wohlfühle, es fühlt sich immer vergänglich an. Wenn es einen unmittelbaren Konflikt gibt, spüre ich, wie mein Blut beginnt, schneller zu fließen, wie mein Herz anfängt zu rasen und wie ich alle fertigmachen möchte. Doch wenn ein Konflikt sich verborgen unter der Oberfläche Bahn bricht, versuche ich mittlerweile bereits im Vorhinein, alle darüber zu informieren, dass es in mir brodelt.

Nicht etwa, weil ich wüsste, wie ich auf psychischer Ebene am besten mit diesen Konflikten umgehen kann, sondern weil ich sie sichtbar machen muss, um mich nicht in Zweifel und Verwirrung zu verlieren. Enge Freund:innen haben mich im Laufe der Jahre ermutigt, in Konfliktsituationen meine Wut zu artikulieren, doch egal wie klein der jeweilige Konflikt auch ist, er ist immer sowohl mit meiner eigenen Geschichte als auch mit den sozialen Strukturen verbunden, durch die jede und jeder von uns geformt wurde. Die Auffassung, dass »etwas so ist, wie es ist«, ist falsch. Es geht nie nur um eine einzelne Sache, denn jeder noch so kleine Aspekt ist immer mit dem größeren Ganzen verbunden. Vom gemeinsamen Abendessen über die Gesprächsführung beim Bier bis hin zu der Art und Weise, wie wir uns entspannen: All diese Dinge sind mit unserer individuellen und geteilten Geschichte verbunden. Konflikte entstehen, wenn die Art und Weise, wie wir alltägliche Dinge angehen, nicht für alle Beteiligten nachvollziehbar ist.

Die Geschichten, die ich hier festgehalten habe, können nicht isoliert voneinander betrachtet werden. Sie sind miteinander verbunden. Meine Handlungen und Reaktionen in jeder einzelnen Situation waren mit dem sozialen und kulturellen Kontext verwoben, in dem ich mich befand. Als ich 30 war, hasste ich es, im Krankenhaus zu sein, weil ich nicht vergessen hatte, wie sie dort 20-jährige Leute wie mich behandeln. Ich sprach nicht mit der Polizei, weil ich schon früh gelernt habe, nicht mit Personen zu kommunizieren, die die Macht haben, dich daran zu hindern, einen Raum zu verlassen, oder dich für beliebige Zeit einzusperren.

Wenn du ihnen nichts sagst, haben sie nichts gegen dich in der Hand und sie werden dich höchstwahrscheinlich gehen lassen müssen. Wenn ich eine Bedrohung für mich selbst oder für diejenigen wahrnehme, mit denen ich eine gemeinsame Geschichte habe, dann spüre ich das Adrenalin in mir, ganz gleich, wie diese Bedrohung aussieht, ganz gleich, wie passiv oder ahnungslos die Person oder Gruppe agiert, von der die Bedrohung ausgeht.

Heutzutage bin ich, was mögliche Konfliktsituationen angeht, ständig auf der Hut. Ich will darauf vorbereitet sein, auch wenn es die alltägliche zwischenmenschlicher Ebene betrifft. Schlussendlich bricht nicht immer ein Konflikt aus, doch ich muss wissen, wenn es dazu kommen könnte, ich muss wissen, wann es unter der Oberfläche zu brodeln anfängt. Ich muss gewappnet sein, bereit sein, mich zu verteidigen, anzugreifen, zu überleben. Wenn eine Konfliktsituation auftaucht, bin ich hin- und hergerissen zwischen den Bedürfnissen, alles in Stücke reißen und gleichzeitig das Erreichte schützen zu wollen. Es fällt mir schwer, diese Innenwelt in Worte zu fassen, und es bereitet mir Mühe, zu verstehen, wo die Vergangenheit endet und die Gegenwart beginnt.

Ich verstehe nicht, warum andere Leute nicht sehen, dass Konfliktsituationen mit unseren gesellschaftlichen Strukturen und Formen von Kapital verbunden sind. Unsere zwischenmenschlichen Interaktionen und Konflikte werden nicht auf Augenhöhe ausgetragen. Sie sind geprägt vom

Geist unserer Vergangenheit und von den Machtstrukturen, die in unsere Körper übergegangen sind. In unmittelbaren Konfliktsituationen mögen manche Machtstrukturen mehr ins Gewicht fallen als andere. Mitunter mögen wir diese Strukturen nutzen, um andere zu entmachten und uns selbst zu ermächtigen. Aber es ist eindeutig, dass die Interaktion selbst sowie der Rahmen, in dem sie stattfindet, nicht neutral sind.

Ich bin heute kein besserer Mensch als früher. Ich bin weder freundlicher noch anständiger. Mein soziales Umfeld ist sehr sanftmütig, das hat sich auf mich ausgewirkt. Das bietet mir einen sichereren Rahmen, um zärtlichere und wärmere Facetten meiner Identität zu erkunden und zum Ausdruck zu bringen. Heutzutage hat es niemand auf mich abgesehen, niemand möchte mich verletzen. Ich erfülle heute viele gesellschaftliche Erwartungen, auch wenn sie mich meiner Autonomie berauben. Ich wünschte, ich könnte sagen, dass ich meine Autonomie verkauft habe, um zu überleben, doch realistisch betrachtet habe ich es getan, um Wärme und Geborgenheit zu erfahren.

Ein Freund von mir sitzt im Gefängnis und wird dort eingesperrt bleiben bis er 50 Jahre oder älter ist. Wir wuchsen in den 90er-Jahren gemeinsam auf und verbrachten die meiste Zeit damit, uns zu betrinken, Drogen zu verkaufen und uns zu prügeln. Damals war er einer der intelligentesten Menschen, die ich kannte. Nicht nur weil er lesen konnte, sondern weil er verstand, was vor sich ging, und das in Bezug zu seinen eigenen Erfahrungen setzen konnte. Er hasste nicht einfach die Bullen, er verstand ihre Stellung in der Gesellschaft und ihre von Rassismus und Klassismus geprägte Geschichte. Wir kifften gerne zusammen. Ich stahl gelegentlich ein Auto, mit dem wir gemeinsam durch North Notts fuhren. Mit einem Spliff im Mund kommentierte er dann die Radionachrichten.

Ich hatte vor allem zwischen seinem 12. und 15. Lebensjahr viel mit ihm zu tun. Er verbrachte die meiste Zeit damit, sich auf der Straße durchzuschlagen, um den Schlägen seines betrunkenen Vaters zu entkommen. Er hatte immer ein Buch bei sich, und selbst in jungen Jahren verstand er außergewöhnlich viel von dem, was um ihn herum geschah, und er besaß das Selbstvertrauen, es auch auszusprechen.

Er war ein dünner Junge aus einem multi-ethnischen Elternhaus, der fast immer Reebok-Trainingsanzüge über einem weißen Unterhemd trug und der von seinen Lehrer:innen und allen anderen Erwachsenen mit Verachtung behandelt wurde, weil er nichts für sie übrighatte. Abgesehen von kurzen Momenten des Lachens und der Freude und hin und wieder einem aufregenden Abend, war ihm wenig Gutes widerfahren. Wenn ich mich heute mit ihm unterhalte, spricht er mit derselben Intelligenz und demselben wachen Bewusstsein, wenn dieses auch heutzutage vor allem auf sich selbst und die Fehler gerichtet ist, die er in seinem Leben gemacht hat.

Er erzählte mir, dass er zu der Zeit, als wir zusammen abhingen, ein Gespräch zwischen einigen älteren Jungs aus der Gegend mitgehört hatte – Jungs Anfang zwanzig mit einem gewissen Ruf. Sie unterhielten sich über Kodexe und sagten, dass jede Person ihre eigenen Grenzen ziehen und sich dann an sie halten müsse. Doch das ergab für ihn keinen Sinn. Alles, was er auf der Straße und im Fernsehen sah, was er in den Büchern und Zeitungen las, war für ihn nichts anderes als eine Art Scheinkodex. Früher dachte er, dass dieser Scheinkodex bloß eine Möglichkeit sei, sich selbst zu belügen, sich das Gefühl zu geben, besser als alle anderen zu sein. In Wirklichkeit gebe es keine Kodexe, denn alles ist erlaubt. Es gehe einzig um das eigene materielle, psychische und physische Überleben.

So hatte er es damals gesehen und bei einem meiner anderen Besuche erklärte er mir im Stillen, dass er sich dabei geirrt hätte. Ein Kodex sei zwar eine Form der Selbsttäuschung, er sei aber dennoch für die eigene Selbstkontrolle wichtig. Ohne einen Verhaltenskodex hätte er diese Kontrolle verloren, er wäre bereit gewesen, alles zu tun, um sich von seinen inneren Qualen zu befreien oder zumindest, um sich von ihnen abzulenken.

Als wir 13 und 14 Jahre alt waren, stellten wir jede Menge Dummheiten an, manche davon gemein und voller Absicht, andere hingegen einfach leichtsinnig und gefährlich. Wir waren beide von gewalttätigen Männern und – auf die eine oder andere Weise – von abwesenden Müttern großgezogen worden. Wir fühlten uns allmählich mit ähnlichen Dingen verbunden, mit denen sich auch unsere Väter verbunden fühlten, und wir waren davon überzeugt, dass wir höchstens eine etwas weniger beschissene Version unseres Alten werden konnten. Ein paar Monate lang waren wir ein Liebespaar, wir fuhren mit gestohlenen Autos nach North Notts, suchten uns ruhige Felder und saßen dort stundenlang auf dem Rücksitz, umarmten und streichelten uns.

Oft weinte er verzweifelt und erschrak dann so sehr über seine Tränen, dass er mit den Fäusten gegen die Scheiben des Autos schlug. Ich ließ ihn machen, denn alles, was mir in diesen Momenten durch den Kopf ging, um ihn zu beruhigen, war Blödsinn. Ich glaubte nicht daran, dass alles gut werden würde. Ich nahm an, dass es nur noch schlimmer werden würde. Und manchmal machte ich einfach mit, denn verdammt noch mal, was sollten wir sonst tun?

Wenn ich ihn heutzutage besuche, machen mich die Unterschiede zwischen uns fertig. Unsere Leben waren sich in den ersten 25 Jahren so ähnlich, obwohl wir nur ein paar davon zusammen verbrachten. Die letzten zehn Jahre dagegen waren radikal verschieden. Die Narben an seinen Fäusten sind noch nicht verheilt, und er sieht eher wie ein 50-jähriger denn wie ein 30-jähriger Mann aus, obwohl wir nur ein Jahr auseinanderliegen. Seine ruhige und kratzige Stimme ist leiser geworden und seine Geschmeidigkeit ist verschwunden. Dafür hat er Muskeln, die bis jetzt immer zielgerichtet eingesetzt wurden. Als Heranwachsender ging er fast hüpfend, aber jetzt wird an seinem Gang deutlich, dass das, was er getan hat und was ihm selbst angetan wurde, schwer auf ihm lastet.

Unsere Unterhaltungen sind wenig ausufernd. Wir schwelgen nicht in Erinnerungen, es sei denn, einer von uns hat etwas von einer Person aus alten Zeiten gehört. Dann erzählen wir einander eine lustige Anekdote über sie. Das sind wahrscheinlich die einzigen Momente, in denen er sich entspannt. Er kicherte beispielsweise leise vor sich hin, als ich ihm von einem Drogendeal erzählte, an dem sich ein als Clown verkleideter Mann beteiligte, der einen Straußenvogel imitierte. Ansonsten reden wir nur über Bücher, meistens über Belletristik – mit Sachbüchern kann er nichts anfangen. Über die politischen Bücher, die ich lese, will er nicht reden.

Manchmal stellt er ein paar Fragen, nickt zustimmend und sagt mir dann, dass er aufgrund seiner Situation nichts tun kann, ich hingegen viel mehr tun könnte, woraufhin ich nicke und zustimme. Er redet manchmal über Faulkner und ich entgegne, dass Acker interessanter sei und dass er sie lieben würde, würde er etwas von ihr lesen. Er behauptet dann, dass er nicht auf dieses kinky Zeug stehe, woraufhin ich ihn daran erinnere, wie sehr er Anais Nin und Henry James mag. Wir sind einfach zwei Klugscheißer in ihren 30ern, die sich in dem Besuchsraum eines Gefängnisses über Literatur unterhalten, verfolgt von den Schatten ihres Aufwachsens. Verfolgt von all den Dingen, die wir gesehen haben, von all dem, das wir nicht genauer beschreiben können. Nicht weil uns die Worte dafür fehlen, sondern weil wir wissen, dass uns niemand verstehen würde.

SUMMER OF 1997 IN A FIELD NEAR PLYMOUTH BY THE SEA.
GET UP
ARGH
Yo, Whats up?
What you doing here?
Nothing, you?
Nothing.

# Alte Wege

So alt wie ich heute bin sollte ich gar nicht werden. Aber offenbar bin ich es doch geworden und wahrscheinlich werde ich noch etwas älter werden, zumindest ein wenig. Bis heute sind mir einige Dinge passiert, die mich eigentlich hätten umbringen sollen: eine Kugel in den Bauch, ein Messer in die Brust, ein Baseballschläger auf den Schädel als Kind, Autounfälle, suizidale Tendenzen, Brandstiftung und, davon weiß ich seit neuestem, ein angeborener Herzfehler.

Aber ich bin immer noch hier und muss mir jetzt überlegen, was für ein Leben ich führen will. Ich habe mehr als 30 Jahre gebraucht, bevor ich über irgendwas anderes nachdenken konnte als daran, wie ich den Tag überstehe, und es gab viele Momente, in denen selbst das nicht meine oberste Priorität war. Aber jetzt ist es anders. Jetzt mag ich das Leben. Nun, vielleicht ist mögen hier das falsche Wort, aber es bedeutet mir etwas.

Für mich hat das Leben jetzt einen Sinn, aus welchen philosophischen Überzeugungen auch immer. Ich denke Monate im Voraus nach und das nicht nur bezogen auf gesellschaftlichen Wandel und Revolution, sondern auch in Bezug auf die kleineren Sachen, die mir wichtig sind: wen ich in meinem Leben haben will, was ich mit meiner Zeit anfangen will, wie ich gesund bleiben kann und wie ich all die Dinge tun kann, die ich tun will. Ich habe nun Auswahlmöglichkeiten, zwar nicht unbegrenzt, aber doch einige, und viele davon scheinen gut zu sein. Viele von ihnen passen zu der Person, die ich bin, oder zu der Person, die ich sein möchte. Ab einem gewissen Punkt – den ich selber nicht ganz genau bestimmen kann – wurde mein Leben für mich wertvoll.

Als ich 18 Jahre alt war, saß ich im Knast. Ich war wegen schwerer Körperverletzung und Raub zu 24 Monaten Haft verurteilt worden. Als ich drinnen war, besuchte mich ein alter Freund. Er hatte lange auf der Straße gelebt, kannte meinen Vater gut und meine Mutter noch besser. Er hatte mitbekommen, dass ich saß, weil sein Neffe im gleichen Gefängnistrakt wie ich untergebracht war, und er hatte gehört, dass mich niemand besuchte. Ich war nicht besonders dankbar oder glücklich darüber, ihn zu sehen. Eine halbe Stunde lang war er da, redete mit mir. Er fragte mich, wie ich meine Zeit verbringe und ob ich mich aus Schwierigkeiten heraushalten würde.

Nachdem er eine Weile lang nichts aus mir herausbekommen hatte, wurde er für eine Zeit lang still und sagte dann, dass er mir zwei Dinge mitzuteilen habe. Er sagte, dass mir nichts von beidem gefallen werde. Im Hinblick auf die eine Sache könne er etwas für mich tun, im Hinblick auf die andere nicht. Er erklärte mir dann langsam, dass einige der Dealer:innen, die ich ein paar Jahre zuvor abgezogen hatte, eine meiner Schwestern überfallen hätten. Sie habe nur knapp überlebt. Er würde mir dasselbe Angebot wie meinem Vater machen und sich, wenn ich das wünschte, um den Typen und seine Freunde kümmern. Mein Vater habe ihm gesagt, dass er sich nicht darum kümmern solle, weil das nur mehr Aufmerksamkeit auf die Familie ziehen würde. Außerdem habe meine Schwester den Angriff sicherlich selbst provoziert. Dann erzählte er mir, dass meine Mutter bereits vor einigen Jahren verstorben sei, dass einige Menschen mir das hätten sagen sollen, es aber nicht getan haben. Er erklärte, dass sie sich die Pulsadern aufgeschnitten habe und im Badezimmer ihrer Wohnung gestorben sei, dass meine jüngste Schwester, die seither bei einer Pflegefamilie gelebt hat, sie gefunden habe. Er sagte, dass es ihm leidtue, aber dass mir bestimmt klargewesen sei, dass so etwas früher oder später passieren würde, nach all den gescheiterten Versuchen.

Ich weiß nicht, ob ich auf irgendetwas davon eine Antwort gab. Ich kann mich nicht daran erinnern, während des Gesprächs etwas empfunden zu haben, außer Irritation darüber, dass er so tat, als würde ihn all das kümmern – als würde er sich um mich kümmern. Ich fragte, ob er mir Kippen mitgebracht habe und ob er mir noch mehr schicken könne, da ich zu dem Zeitpunkt Schwänze lutschen musste, um an welche ranzukommen. Er nickte und sagte, dass er wiederkommen könne, wenn das mein Wunsch sei. Ich sagte, dass er sich nicht allzu sehr zu bemühen brauche, dass er mir stattdessen lieber Geld oder Kippen vorbeibringen könne.

Ich habe in den letzten Jahren einen Großteil meines sozialen und politischen Lebens mit Menschen verbracht, die über so viele Auswahlmöglichkeiten in Sachen Lebensgestaltung verfügen. Sie können entscheiden, wo sie leben möchten, ob auf dem Land oder in der Stadt, in welcher Stadt, in welcher Region; mit wem sie leben wollen, ob mit Freund:innen, Familie, Partner:innen, Genoss:innen; wie sie leben möchten, nach welchen moralischen Grundsätzen und in welcher Form des Zusammenlebens, ob gemeinschaftlich, autonom, alleine oder als Familie; wie sie arbeiten möchten, also welcher Arbeit sie nachgehen wollen, ob sie ein Unternehmen gründen, selbstständig sein, verschiedene Berufe ausprobieren, Teil- oder Vollzeit arbeiten wollen; wie sie sich politisch engagieren möchten, ob jetzt oder später, an welchen Orten sie was ausprobieren wollen, und sie bewegen sich und schauen, welche Kämpfe sie aktuell am meisten reizen. Es sind Menschen, die von Dringlichkeit und Verzweiflung angesichts der Welt und unserer Gesellschaft sprechen, die aber zuerst noch eine Weile darüber nachdenken. Mittlerweile bin ich in der Lage, es ihnen gleichzutun. Es gibt nichts Dringliches in meinem Leben und ich bin nicht verzweifelt, aber ich weiß auch, dass ich nicht sorglos mit der Zeit umgehen kann, die mir noch bleibt, dass mein Überleben zwar weit davon entfernt ist, gefährdet zu sein, es dafür aber trotzdem keine Garantie gibt.

Mein Besucher ging, und ich ging zurück in meine Zelle. Ich dachte wenig über meine Schwestern nach und versuchte, nicht über meine Mutter nachzudenken. Mein Besucher hatte Recht: Sie hatte bereits mehrere Male versucht, sich das Leben zu nehmen, und es war lediglich Glück, dass sie nicht schon früher gestorben war. Sie verdiente die Chance, ihr Leben zu beenden, wenn es das war, was sie wollte. Den Großteil ihres Lebens hatte sie stark gelitten, daher gingen viele beschissene Dinge in ihrem Kopf vor sich. Sie litt für die meiste Zeit ihres Lebens an optischen und akustischen Halluzinationen, und ich werde sie nicht dafür verachten, dass sie das nicht länger aushielt.

Doch ich empfand Verachtung für mich selbst. So etwas überkam mich nicht gerade regelmäßig, aber in diesem Moment, wie ich da auf meinem Bett lag, konnte mich einfach nicht ausstehen. Ich ertrug die Tatsache nicht, dass ich mich dagegen entschieden hatte, dass meinen Schwestern von meinem Besucher dabei geholfen werden würde, mit dem Schmerz in ihrem Leben umzugehen. Ich ertrug die Tatsache nicht, dass ich die gleiche Wahl getroffen hätte, wäre ich draußen gewesen. Wahrscheinlich hätte ich ihnen alles weggenommen, was sie haben, um es zu verkaufen.

Ich hasste es, dass ich nicht die Möglichkeit hatte, mich dazu zu entscheiden, ein besserer Mensch zu sein, dass ich nicht die Wahl treffen konnte, mich zu verändern, und dass ich es bis an mein Lebensende mit mir selbst aushalten musste. Ich stieg aus dem Bett und verließ die Zelle. Ich lief den Flur hinab und eine Treppe hinauf. Oben angekommen stürzte ich mich kopfüber über das Geländer. Es waren nur zwei Stockwerke, doch ich hatte wenig Kontrolle und landete auf meiner rechten Körperseite statt auf meinem Kopf. Entweder das oder es war mein Überlebensinstinkt, der sich meldete.

Heute muss ich tagtäglich daran arbeiten, ein besserer Mensch zu werden. Ich muss meinen moralischen Kompass bestimmen und versuchen, mich so genau wie möglich an ihn zu halten. Oft fühlt es sich kontraintuitiv an, und oft versage ich dabei kläglich. Ich bin der Überzeugung, dass fast jede Entscheidung, die ich treffe, im Kleinen oder im Großen Auswirkungen auf Menschen und Dinge hat, und dass ich sie deshalb analysieren muss, um daraus zu lernen und es beim nächsten Mal besser zu machen. Bei einigen Dingen kann ich mir Zeit lassen, bei manchen bedarf es hingegen sofort einer Entscheidung. Oft treffe ich dann die falsche, und oft bin ich mir auch im Nachgang nicht sicher, was überhaupt richtig und was falsch gewesen wäre. Ich weiß, dass die Erfahrungen meiner ersten zwanzig Lebensjahre mich und die Art und Weise geprägt haben, wie ich heute Entscheidungen treffe. Teilweise sind diese Erfahrungen unglaublich positiv und wertvoll. Sie verleihen mir Einsicht und Verständnis in Momenten, in denen beides dringend gebraucht wird. Aber teilweise führen sie auch zu destruktiven und unangenehmen Situationen.

Ich habe schon lange nicht mehr mit meinen Schwestern gesprochen oder mich mit ihnen getroffen. Unsere letzten Zusammentreffen bescherten uns allen viel Schmerz, in erster Linie aufgrund des Schmerzes, in dem wir uns alle bereits befanden. Sie tun ihr Bestes, um zu überleben und um etwas von Bedeutung in ihrem Leben zu finden. Ich hoffe aufrichtig, dass ihnen das gelingt, aber ich weiß auch, dass ich nie ein Teil ihres Lebens und nie in irgendeiner Form ein positiv besetzter Mensch in ihrem Leben sein werde.

Ich habe den Sprung überlebt – offensichtlich. Kein großer Schaden, nur ein paar gebrochene Knochen, und obwohl ich nicht so tun werde, als sei ich damals glücklich darüber gewesen, habe ich seitdem nie über andere Wege nachgedacht, mich umzubringen. Ich machte einfach weiter. Ich saß den Rest meiner Haft ab, wurde entlassen und machte genau da weiter, wo ich aufgehört hatte. Ich dachte nicht viel darüber nach, was ich tat oder wie ich es tat. Ich versuchte einfach, jeglichen Schmerz, den ich empfand, zu ignorieren, versuchte, ihn mit allen möglichen Mitteln zu betäuben und einfach zu leben und meinen Süchten nachzugehen. Es ging eigentlich nur darum weiterzumachen.

Ich dachte nicht darüber nach, welche Bedeutung mein Leben für mich oder für andere haben könnte. Auf irgendeine Art muss mir mein Leben jedoch etwas wert gewesen sein, zumindest ein wenig. Jedes Mal, wenn ich tätlich angegriffen wurde, verteidigte ich mich. Wenn ich bedroht wurde, kam mein Überlebensinstinkt zum Vorschein und ich brachte dann genug Energie auf, um zu rennen, zu kämpfen und meine Wunden zu pflegen. Als ich mit Mitte zwanzig clean wurde, dauerte es eine Weile, bis ich an mehr denken konnte. In den ersten Monaten ging es um nicht viel mehr, als darum, nicht rückfällig zu werden. In den ersten Jahren kämpfte ich gegen die Erinnerung an. Und ich denke, ein großer Teil der letzten zehn Jahre drehte sich darum, wie meine Wunden verheilen können.

Ich glaube nicht daran, dass sie bald oder überhaupt irgendwann vollständig verheilt sein werden, aber zumindest bluten sie mittlerweile nicht mehr. Nun muss ich mich also entscheiden, wie ich leben will. Welche Rolle kann ich bei der Befreiung der Communitys spielen, aus denen ich stamme? Wie kann ich dabei helfen, sie zu verteidigen? Und wie kann ich andere unterstützen, die, anders als ich, nicht in den Vorzug gewisser Arten von Kapital gekommen sind?

Wenn man längere Zeit auf der Straße lebt, stumpft man gegenüber vielen Dingen ab, einschließlich der eigenen Verzweiflung. Die Menschen, die ich kannte, fanden Wege, um damit umzugehen, sie fanden Wege, um mit allen möglichen schrecklichen Dingen klarzukommen. Dabei waren sie nicht immer in der Lage, liebevoll und fürsorglich miteinander zu sein. Von Zeit zu Zeit mussten sie sich gegenseitig übergehen, und manchmal mussten sie den Schmerz der anderen ignorieren, weil das Sich-Einlassen darauf ihren eigenen Schmerz hervorgerufen hätte. Der Mann, der mich im Gefängnis besuchte, um mir von meiner Mutter und meiner Schwester zu erzählen, tat dies nicht, weil er mich verletzen wollte. Er dachte, dass ich die Wahrheit wissen müsse, und er wollte mir Trost spenden, wenn ich herausfand, was passiert war. Er war nicht imstande, mich zu trösten, da ich komplett unfähig war, Trost anzunehmen. Wenn ich ihm heute auf den Straßen begegne, sehe ich einen alten Mann. Er ist oft mit einem Gehstock unterwegs und fast immer alleine.

Ich weiß, dass er einige äußerst brutale Dinge getan hat, einzig und allein, um seinen eigenen Willen durchzusetzen, um irgendeine Kleinigkeit zu erreichen, mit der sein Leben etwas erträglicher würde. Wir haben uns innerhalb der letzten 15 Jahre ein paar Dutzend Mal unterhalten, wovon einige auch längere Gespräche waren. Er erzählte mir von seinem Sohn, davon, wie er ihn verprügelt hatte, als er erfuhr, dass er schwul war, und wie sein Sohn einige Jahre später verstorben war. Er erzählte mir von dem Geld, das er durch den Verkauf von Drogen und der Körper anderer Menschen verdient und wie er alles wieder verspielt hatte. Er erzählte mir von der Gewalt in seiner Kindheit und davon, wie sein Körper von denjenigen, die sich um ihn hätten kümmern sollen, gebrochen worden war. Ich besuchte ihn bei sich zu Hause und er weinte so, wie er es noch nie vor einer anderen Person getan hatte.

Ich weiß, dass er Leben genommen und anderen Menschen unbeschreibliche Schmerzen zugefügt hat, aber ich werde mir immer Zeit für ihn nehmen. Bis zu seinem Tod werde ich mehr Zeit mit ihm verbringen als mit meiner eigenen Familie.

Vielleicht werden wir beide noch viele Jahre leben, aber im Vergleich zu ihm habe ich die Möglichkeit, mir ein Leben aufzubauen, das mich bereichert. Ich kann an Dingen arbeiten, die mir wirklich am Herzen liegen. Während ich in der Lage sein werde, viele meiner Traumata auf Distanz zu halten, wird er von seinen bereits eingeholt – von dem Schmerz, der ihm angetan wurde, und dem, den er anderen angetan hat. Er ist verzweifelt und hält am Leben nur um des Lebens willen fest.

Er lacht immer noch, wenn er etwas witzig findet, und er empfindet immer noch Freude, wenn er auf alte Freund:innen trifft, aber er ist nicht mehr in der Lage, sich im Leben weiter voranzubringen. Ich teile ihm sehr wenig mit – einige Gedanken und Erfahrungen – und ich weiß, dass er gern hätte, dass ich ihm mehr über mich erzählen würde, und vielleicht werde ich das auch irgendwann tun. Ich weiß nicht wirklich, wie unsere

Beziehung zu definieren wäre. Alle paar Monate wechseln wir ein paar Worte miteinander, aber dennoch spüren wir zwischen uns eine besondere Verbindung. Für ihn ist sie besonders, weil ich weiß, was für ein Leben er geführt hat, und ich mich trotzdem nicht von ihm abwende. Für mich ist sie besonders, weil er, obwohl er emotional versteinert war, trotzdem versuchte, mir Trost zu spenden, als ich unfähig war, ihn überhaupt anzunehmen. Für mich war es ein Akt der Solidarität, bevor ich das Wort überhaupt kannte. Keiner von uns beiden sollte so als werden, wie wir heute sind – aber wir sind es. Wie Tausend andere in diesem Land, die die Brutalität der Straße erlebt haben, verteidigen wir beide unser Leben. Wir sind uns bewusst, dass wir immer noch Grundbedürfnisse haben, wie den Wunsch, uns mit anderen verbunden zu fühlen, und den Wunsch, umsorgt zu werden sowie selbst für andere zu sorgen.

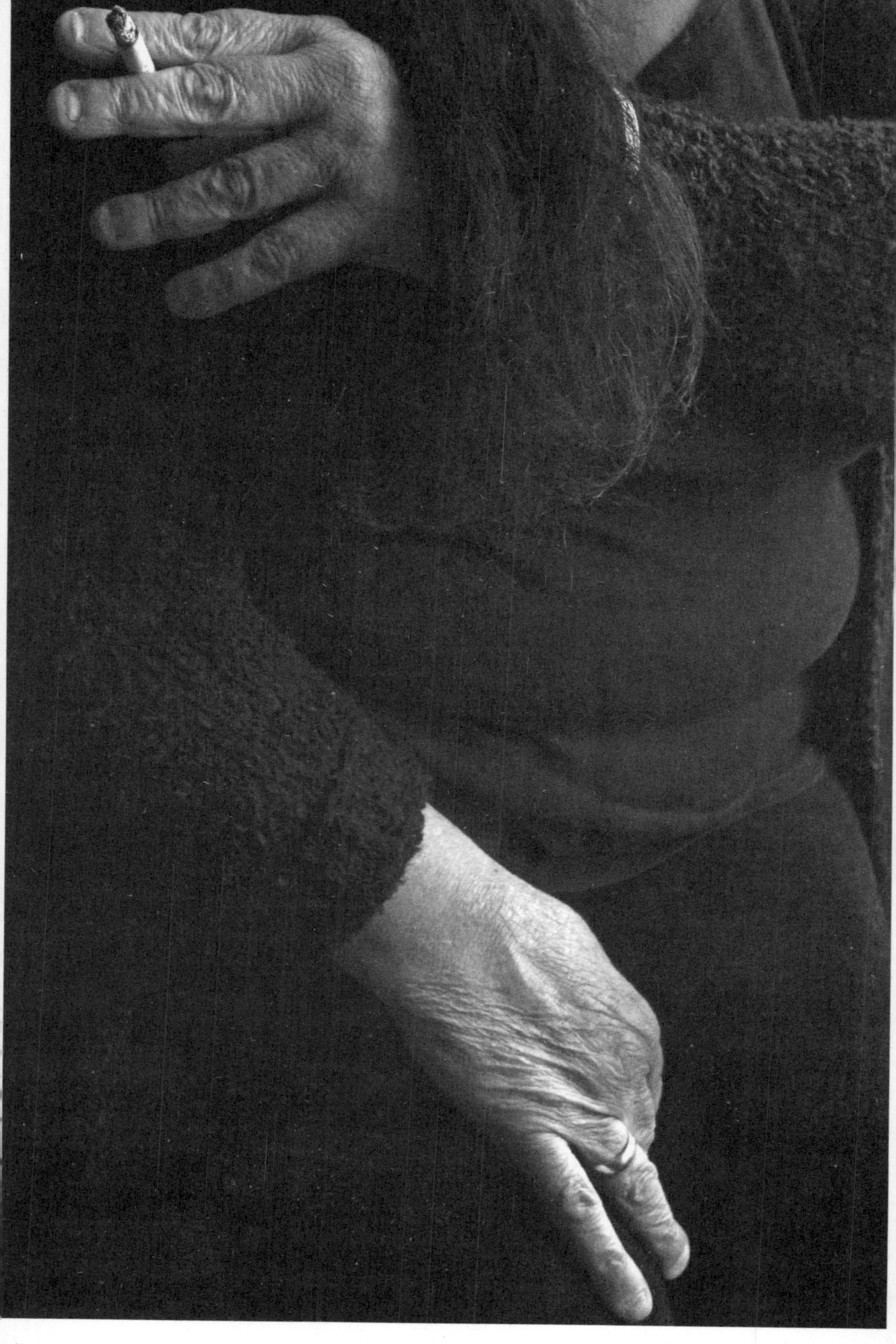

## Brot und Rosen für alle Kämpfer:innen

Meine Leute sind fürsorglich und kämpferisch, sie sind zornig und zärtlich zugleich, sie werden ausgebeutet und ignoriert, sie werden als primitive Arschlöcher und arbeitsloser Abschaum bezeichnet. Liberale Gutbürger:innen weichen angeekelt vor ihnen zurück. Meine Leute sind die revoltierenden Subjekte der neoliberalen Gesellschaft. Jede:r einzelne von ihnen würde die Menschen, die ihre Liebsten verletzen, mit einem Baseballschläger erschlagen. Sie beschützen ihre Leute mit all ihrer Kraft und sind loyal bis zum Ende. In vielerlei Hinsicht sind sie die idealen Revolutionär:innen, aber aufgrund der Art und Weise, wie das Kapital und der Staatsapparat ihr Leben geprägt hat und die Arbeiter:innenklasse als Ganzes erfolgreich atomisiert hat, wird ihnen weiterhin keine Beachtung geschenkt. Wenn sie sich wehren, werden sie als Kriminelle abgetan, und der Rest der Arbeiter:innenklasse wird aufgefordert, ihnen den Rücken zuzukehren. Das jüngste große Beispiel dafür waren die Reaktionen auf den Aufstand von 2011, als viele Menschen, mit denen ich ähnliche Erfahrungen teile, in mehreren Städten des Landes auf die Straßen gingen.

Sie plünderten, legten Feuer und griffen die Symbole und Einrichtungen derjenigen Institutionen und Organisationen an, die ihnen nur Verachtung entgegenbringen.

Zur Zeit des Aufstands war ich bereits Teil der britischen anarchistischen Szene, und in jenen Augusttagen, als einige meiner Leute zurückschlugen, erhoben viele Anarchist:innen ihre Gläser und feixten. Einige von ihnen gingen selbst auf die Straße, einige taten dies in sehr herablassender und sinnloser Art und Weise, anderen hingegen ging es wirklich um Solidarität.

Als alles vorbei war, als Staat und Kapital wieder die Kontrolle hatten und die Medien den öffentlichen Diskurs beherrschten, wandte sich dieselbe anarchistische Szene schnell von den Aufständischen ab. Einige hatten eine große Klappe, doch es gab durchaus einzelne Leute, die sich aufrichtig für all jene Menschen einsetzten, die verhaftet und zu schweren Strafen verurteilt worden waren. Dennoch verunglimpften viel zu viele sowohl die Verhafteten als auch diejenigen, die nicht erwischt worden waren.

Dumme, entpolitisierte Aktionen von fehlgeleiteten Jugendlichen, so lautete der allgemeine Tenor ihrer Analyse. Wo waren die Kommuniqués? Wo war die Analyse der politischen Kräfteverhältnisse? Was waren ihre Ziele und Absichten? Haben sie nicht gemerkt, dass sie die Leute abschrecken? Und innerhalb weniger Monate waren dieselben Leute wieder damit beschäftigt, untereinander über Taktiken zu streiten. Sie waren sich scheinbar nicht bewusst, dass Tausende fürsorgliche und kämpferische Menschen sich die Straßen genommen hatten, um ihre Wut und Ablehnung gegenüber Staat und Kapital zum Ausdruck zu bringen – und gegen die Art und Weise, wie sie behandelt werden. Viele kamen ungeschoren davon und mussten nach dem Aufstand wieder um ihr Überleben in dieser scheiß Gesellschaft kämpfen.

Ich kritisiere hier insbesondere die anarchistische Szene, weil ich damals von allen Strömungen der aktivistischen Linken den Anarchist:innen am meisten vertraute. Innerhalb von sechs Monaten war dieses Vertrauen so gut wie weg, vor allem wegen der fehlenden Solidarität, die die Anarchist:innen an den Tag legten. Der Rest der aktivistischen Linken war nicht besser, einige waren sogar noch schlimmer. Immerhin haben viele meiner anarchistischen Freund:innen heutzutage eine bessere Analyse der Ereignisse entwickelt als damals, auch wenn es jetzt zu spät ist.

Allerdings führe ich immer noch sinnlose Gespräche mit Marxist:innen unterschiedlichster Art, mit Anhänger:innen von Owen Jones und George Monbiot und mit denen von Jeremy Corbyn, die sich weigern anzuerkennen, dass (meist junge) Männer und Frauen sich – berechtigterweise – ein paar Nächte lang an ihren Peiniger:innen rächen wollten.

Doch sowohl damals als auch heute verstehen viele nicht, dass die Unterdrückten ihre Form des Widerstands selbst wählen und dass diejenigen, die sich als Verbündete und Kompliz:innen verstehen, diese

Formen unterstützen müssen. Die Alternative dazu wäre, sich auf die Seite der Unterdrücker:innen zu stellen. Zumindest heutzutage scheint dies klar zu sein. Wenn beispielsweise People of Colour gegen Rassismus protestieren, ist für viele heute klar, dass *weiße* Aktivist:innen sie unterstützen sollten, ohne dabei Führungsrollen und Entscheidungspositionen zu übernehmen. Das bedeutet nicht, dass dies in der Praxis immer so gehandhabt wird, aber das Bewusstsein darüber scheint – zumindest was verbale Bekundungen angeht – stärker ausgeprägt zu sein.

Dasselbe scheint auch für andere unterdrückte Gruppen zu gelten, zumindest dann, wenn ihre Widerstandsmethoden gut zu den Aktionsformen passen, mit denen die organisierte Linke zufrieden und vertraut ist. Im Jahr 2011 war die organisierte Linke entweder mit dem Geschehen auf den Straßen überfordert und unzufrieden oder aber sie war zu feige, um sich auf die Seite der Verhafteten und Inhaftierten zu stellen. Die Aktivist:innen wurden auf dem falschen Fuß erwischt und waren sich nicht bewusst, was für eine Wut gegenüber Staat und Kapital viele Menschen haben – auch wenn sie beides in ihren langatmigen Texten gerne kritisieren.

Doch obwohl die linken Aktivist:innen damals von den Ereignissen überrascht wurden, marschieren sie heute weiter und skandieren Slogans, als sei nichts gewesen. Organizer:innen und Aktivist:innen erzählten mir, dass die Tatsache, dass die jungen Leute, die während des Aufstands auf die Straße gegangen waren, in den Wochen und Monaten danach nicht bei den Versammlungen der Linken auftaucht waren, zeige, dass ihre Aktionen unpolitisch gewesen seien. Ich behaupte nicht, dass diese Ansicht weit verbreitet ist, aber sie war definitiv in bedeutenden Organisationen anzutreffen und wurde dort von Personen in Führungspositionen geäußert.

Ich vermute, dass es hier um Kontrolle und Angst geht. Das verzweifelte Bedürfnis nach Kontrolle ist etwas, das von der heutigen kapitalistischen Gesellschaft hervorgebracht wird. Es ist eine Reaktion auf den Terror, die Zerstörung und die Grausamkeit von Patriarchat, Kapitalismus und *weißer* Vorherrschaft, denn es erweckt den Anschein, wenigstens einen kleinen, persönlichen Teil der Welt unter unserer Kontrolle zu haben, wenigstens ein wenig Macht über das eigene Schicksal zu besitzen. Wenn plötzlich unzählige Menschen den sozialen Kampf auf die Straße tragen, und zwar auf eine chaotische und unkontrollierbare Art und Weise, geraten gerade diejenigen in Panik, die ständig vom sozialen Kampf palavern.

Denn sie beginnen zu erkennen, dass ihre Identität als Revolutionär:innen brüchig ist. Sie beginnen zu verstehen, dass in Zeiten eskalierender sozialer Konflikte wahrscheinlich weder ihre durchexerzierten Einzelkampagnen noch die linken Versammlungen, Facebook-Seiten und E-Mail-Listen politischer Gruppen im Mittelpunkt stehen werden. Sie beginnen zu realisieren, dass ihre Flugblätter vielleicht nicht gebraucht werden und dass die Demos, die sie oder ihre Freund:innen organisieren, möglicherweise nicht diejenigen sein werden, die Staat und Kapital überrumpeln werden.

Zu erkennen, dass sie keinerlei Kontrolle über das Geschehen haben werden, gefällt ihnen nicht. Aber ich glaube, dass sie auch Angst haben. Ich glaube, sie hatten 2011 Angst und haben immer noch Angst davor, dass Menschen, mit denen sie nichts gemein haben, am ehesten dazu in der Lage sind, Staat und Kapital eine blutige Nase zu verpassen. Vielleicht haben sie auch Angst davor, wie ein sozialer Wandel aussehen könnte, der von denjenigen getragen wird, die ganz unten stehen. Was wäre, wenn die Wut, die die Menschen 2011 auf die Straße getrieben hat, eine Wut ist, die sich auch gegen diejenigen richtet, die vom materiellen Reichtum dieser Gesellschaft profitiert haben, oder zumindest gegen diejenigen, die mehr davon profitiert haben als sie selbst?

Vielleicht bin ich hier nicht ganz fair. Vielleicht sind all die Schlüsselfiguren der Linken, die so hart arbeiten und dafür oft nicht mehr als ein bisschen Ansehen und ein bisschen kulturelles Kapital erhalten, bereit, beiseitezutreten und auf die untersten Stimmen der britischen Klassengesellschaft zu hören. Vielleicht sind sie bereit, alles zu tun, was von ihnen verlangt wird, und denen zu folgen, die gegen ihre eigene Unterdrückung kämpfen, egal welche Form dieser Widerstand annehmen wird und wie unangenehm er ihnen auch sein mag.

Es besteht auch die Möglichkeit, dass hinter den Kulissen, also hinter den unzähligen Demonstrationen und Veranstaltungen, die organisierte

Linke unter der Leitung derjenigen, die die Brutalität des Kapitalismus am unmittelbarsten erleben, eine revolutionäre Infrastruktur aufbaut. Vielleicht weiß ich einfach nichts davon. Das wäre in Ordnung und ich würde mich einbringen, wenn ich darum gebeten werden würde.

Es gibt viele Organisationen, die Menschen in prekären Verhältnissen weder ausnutzen noch bevormunden. Sie leisten unglaublich wertvolle Arbeit und sind für viele Leute überlebenswichtig. Es gibt jedoch weitaus mehr Organisationen, die genau dies tun, und sie sollten, wann immer möglich, dafür kritisiert werden. Ich hatte mit beiden Organisationsformen zu tun und habe auch für verschiedene Organisationen gearbeitet. Ich war nicht immer klug genug, um zu verstehen, in was für einer Art Organisation ich mich befand, aber zum Glück kenne ich Leute, die Bescheid wissen. Sie können mich wachrütteln, wenn ich zu dumm bin, um selbst darauf zu kommen.

Ich glaube, dass die Arbeiter:innenklasse hierzulande durch und durch sozial gespalten ist, und zwar so sehr, dass ein revolutionärer Wandel dadurch fast unmöglich ist. Aber ich denke auch, dass diese Situation nicht unumkehrbar ist. Damit sich etwas verändert, müssten diejenigen, die ganz oben sitzen, verstehen, dass sie von Brotkrümeln leben, und in vielen Fällen glaube ich, dass sie das auch tun. Aber was sie oft nicht verstehen, ist, dass, wenn sie sich ihre Brotkrümel schnappen, andere wiederum leer ausgehen. Wir sollten natürlich nach dem ganzen verdammten Brot streben, aber es wird vielen schwerfallen, dafür zu kämpfen, wenn sie hungrig sind, und es wird noch schwerer sein, wenn sie von denjenigen Leuten, die die Krümel, die sie erhaschen, für sich selbst behalten, gesagt bekommen, was sie tun und lassen sollen.

Ich habe schon oft gehört, dass die Brotkrümel, die eine Person erhält, rein auf ihre eigene harte Arbeit während einer 40-Stunden-Woche zurückzuführen seien. Sie hat sich ihre Brotkrümel scheinbar verdient. Solange Menschen so denken, sehe ich keine Hoffnung für die Arbeiter:innenklasse. Solange diejenigen von uns, die 40 Stunden pro Woche arbeiten, denken, dass wir uns unsere Brotkrümel verdient haben und dass alle für ihr eigenes Überleben verantwortlich sind, sind wir am Arsch.

Ich verdiene meine Brotkrümel auf Kosten anderer Menschen, ich habe durch mein *Weiß*sein, durch meine Männlichkeit und durch all die anderen Sachen, die ich mit den Mächtigen dieser Gesellschaft gemeinsam habe, eine bessere Position als andere. Diejenigen von uns, die eine Revolution der Arbeiter:innenklasse anstreben, werden niemals mehr als nur Brotkrümel erhalten, wenn wir nicht begreifen, wie wir überhaupt zu diesen Brotkrümeln kommen, wenn wir nicht begreifen, wie das tägliche Überleben anderer zutiefst mit unserer Fähigkeit verbunden ist, diese Gesellschaft zu verändern.

Wenn du glaubst, dass die einzige Möglichkeit, den Planeten und die Menschheit zu retten, die totale Zerstörung von Patriarchat, Kapitalismus und *weißer* Vorherrschaft ist, oder wenn du einfach nur an eine faire und gerechte Gesellschaft glaubst, in der jede Person nach ihren Bedürfnissen leben kann, dann ist es wichtig zu verstehen, wie die Gesellschaft, so wie sie ist, dir selbst Vorteile bringt, und wie du diese Vorteile so nutzen kannst, dass andere die Möglichkeit bekommen, sich mit mehr Kraft gegen diese Gesellschaft zu wehren.

Ich glaube nicht, dass große Wohltätigkeitsorganisationen, die institutionalisiert und in das kapitalistische System eingebunden sind, dafür der richtige Weg sind. Ich glaube, dass dies in solidarischen Communitys erfolgen muss, indem wir unser Leben mit den Lebensrealitäten jener Menschen um uns herum verflechten, die durch unser wirtschaftliches und soziales System erniedrigt, bestraft und misshandelt werden. Das Überleben unserer Mitmenschen muss zu unserem eigenen Überleben werden. Das wird nicht einfach sein. Wir sind darauf getrimmt worden, uns auf Unterschiede zu fokussieren und uns von anderen abzugrenzen, sei es in der Art, wie wir kommunizieren, wie wir uns kleiden oder wie wir unsere Freizeit verbringen. Wir sind darauf getrimmt worden, andere zu kritisieren und zu verurteilen. Wir nehmen an, dass wir auf alles eine Antwort haben und dass wir diejenigen, die anders sind als wir, belehren müssen, anstatt von ihnen zu lernen, vor allem, wenn sie scheinbar machtloser sind als wir.

Der Aufstand von 2011 wird sich wiederholen. Vielleicht schon bald, vielleicht auch nicht; er könnte größer oder kleiner ausfallen, aber die politische Artikulation, die darin stattgefunden hat, ist immer noch relevant. Die Beweggründe der Aufständischen sind immer noch vorhanden. Es liegt in der Verantwortung derjenigen von uns, die an eine Revolution der Arbeiter:innenklasse glauben, darüber nachzudenken, wie wir uns darauf vorbereiten und wie wir uns mit den Kämpfenden solidarisieren können, wie wir unsere vorhandenen Ressourcen so einsetzen können, dass sie auch von anderen genutzt werden können. Wir müssen aber auch darüber nachdenken, welche Handlungen unsererseits negative Auswirkungen auf einen Aufstand haben könnten und wie wir diese vermeiden können.

Ich verbrachte einige Zeit mit verschiedenen jungen Menschen, die nach den Unruhen in Nottingham verhaftet worden waren, und sprach mit ihren Familien. Es war eine kleine Geste, um meine Liebe und Unterstützung für die zum Ausdruck zu bringen, die sich an den Unruhen beteiligt hatten. Alle inhaftierten jungen Menschen, wie auch ihre Familienmitglieder, wussten ganz genau, warum so viele Leute auf die Straße gegangen waren. Einige Familienmitglieder kritisierten die Aktionsformen, sie wünschten sich, die Leute hätten sich anders gewehrt, doch sie liebten und unterstützen ihre verhafteten Familienmitglieder dennoch und sprachen auch voller Mitgefühl über andere, die verhaftet worden waren. Dieses Maß an Fürsorge und Mitgefühl war sowohl bei der organisierten als auch bei der unorganisierten Linken nicht immer vorhanden, wenn über all die Verhafteten gesprochen wurde.

Mein Leute sind Kämpfer:innen. Sie werden Widerstand leisten und zurückschlagen. Meine Leute sind fürsorglich, und sie werden den Verwundeten und Gefangenen Mitgefühl und Liebe entgegenbringen.

# Aufruhr

Die Jugendstrafanstalt in Leicestershire. Meinen 15. Geburtstag verbringe ich wieder einmal hinter Gittern. Es ist in Ordnung soweit. Ein paar stabile Leute sind mit mir drin, und wir können zusammen lachen. Einige der Wärter sind Arschlöcher, aber die meisten sind ziemlich armselig, vor allem verglichen mit den anderen Orten, an denen ich bereits war.

Selbst in Kinderheimen war die Aufsicht strenger. Meine Schwester, die in einer Pflegefamilie lebt, schickt mir eine Geburtstagskarte. Auf der Vorderseite der pinken Karte ist ein Bild von ihr beim Pferdereiten zu sehen. Im Inneren der Karte hat sie mit grünem Filzstift »für meinen großen Bruder von der kleinsten S« geschrieben und ein Bild von einem Jungen und einem kleinen Mädchen beim Fußballspielen gezeichnet.

Ich kann mich gut an den Tag erinnern, an dem sie geboren wurde. Wie Mum mit dem Krankenwagen ins Krankenhaus gebracht wurde, und wie ich mit den anderen Mädchen, die mich fragten, ob es Mum gut gehen werde und ob es ein Junge oder ein Mädchen werden würde, die Derby Road entlanglief. Wir gingen ins Krankenhaus und wussten nicht wohin. Von den Erwachsenen ernteten wir nur böse Blicke. Als wir fragten, wo sie unsere Mum hingebracht hätten, fragte man uns nur, wo unser Vater sei.

Der Geburtstag meiner kleinen Schwester rückt näher, und ich denke darüber nach, ihr auch eine Karte zu basteln, aber da ich ihre Adresse nicht habe, wäre es sinnlos. Außerdem werde ich in einem Monat entlassen – also Scheiß drauf. Ich werde sie wiedersehen, wenn ich wieder in Nottingham bin. Ich lege ihre Karte unter mein Kopfkissen. Einige der anderen Jungs haben ganze Wände mit Karten und Fotos zugeklebt. Andere sind wie ich. Sie halten ihre Wände weiß, weil sie wissen, dass es nur etwas wäre, das gegen sie verwendet werden könnte, wenn andere sie fertigmachen wollten.

Ich teilte mir mit drei anderen Jungs eine Zelle, zwei in jedem Etagenbett. Ich schlief unten und bekam dadurch weniger von dem Tageslicht ab, das durch das Fenster schien, aber das störte mich nicht wirklich. Was mich hingegen störte war, dass der Typ oberhalb von mir ununterbrochen furzte.

Er war ein kräftiger Kerl, dessen Familie aus Preston stammte, der aber größtenteils in einem Fischerdorf an der Ostküste aufgewachsen war. Abgesehen von seinem Herumgefurze und abgesehen davon, dass er mich »Pikey« (ein Schimpfwort für Irish Travellers) nannte, kamen wir gut zurecht. Als er frisch in der Anstalt war, hatte er mir gegenüber eine große Klappe und suchte ständig Stress mit mir. Nach einiger Zeit realisierte ich jedoch, dass er ebenso langsam wie kräftig war, was für ihn keine gute Ausgangsposition war. Ich gab ihm ein paar Ohrfeigen, und obwohl er mir auch einen beachtlichen Schlag verpasste, riss er sich danach etwas mehr zusammen und wir kamen ganz gut zurecht.

Sein Name war Steve und wir teilten uns die Zelle mit Tyrone und Junior James. Die beiden waren unzertrennlich, sie saßen seit einem Jahr zusammen in einer Zelle und hatten noch sechs respektive zwölf Monate vor sich. Einzeln konnten sie schon großen Schaden anrichten. Aber zusammen waren sie eine Abrissbirne. Aus irgendwelchen Gründen schienen sie mich zu mögen. Ich denke, das lag daran, dass ich einige Billardspiele gewonnen hatte, an denen sie Geld verdient hatten, und dass ich meistens nicht viel redete. Es waren die Großmäuler, auf die sie es am meisten abgesehen hatten.

Wir mussten in den Unterricht gehen und uns wurden Jobs zugeteilt. Unsere restliche Zeit verbrachten wir damit, herumzusitzen, Scheiße zu labern, zu trainieren und Fußball, Karten oder Billard zu spielen und fernzusehen.

Es gab ständig Schlägereien und die Wärter waren so schwach, dass es ewig dauern konnte, bis die Kontrahenten voneinander getrennt wurden. Keine dieser Schlägereien bedeutete wirklich etwas. Es waren nur kleine Scharmützel in der Hackordnung.

Die richtigen Kämpfe fanden an Orten statt, von denen wir wussten, dass die Wärter dort nicht eingreifen konnten, bis der Kampf seinen natürlichen Lauf genommen hatte. Sie fanden in den Duschräumen, um die Ecke vom Trainingsraum oder in leeren Klassenzimmern statt, deren Türschlösser kaputt waren. Nicht selten wurden diese Kämpfe von Wärtern beschützt, die für eine kleine Gegenleistungen Wache standen und sicherstellten, dass wir nicht unterbrochen wurden. Einige der Wärter schlossen selbst Wetten über den Ausgang eines Kampfes ab. Manchmal waren sie sogar diejenigen, die die Kämpfe initiierten – entweder indem sie allgemein Unruhe stifteten oder indem sie einzelne dazu ermutigten, die Auseinandersetzung zu suchen.

Steve fiel es schwer, die Klappe zu halten. Wenn andere Billard oder Fußball spielten, redete er andauernd dazwischen, und obwohl er meist einfach versuchte, lustig zu sein, war das, was aus seinem Mund kam, häufig ziemlich gehässig. Er war kräftig genug, dass die meisten zögerten, ihn anzugreifen. Denn, wie gesagt, er war zwar langsam, aber er konnte sich dennoch gut verteidigen.

Meistens versuchte er die Person, mit der er sich prügelte, zu umklammern und zu Boden zu bringen, wo seine Größe und sein Gewicht ihm einen beachtlichen Vorteil verschafften. Wie wir anderen war auch er jede Woche in die eine oder andere Schlägerei verwickelt, aber die meisten davon waren ziemlich langweilig. Er war kein kompletter Idiot, daher riss er sich etwas zusammen, wenn Tyrone oder Junior James in der Nähe waren. Er erzählte mir, dass er alle hassen würde, die nicht *weiß* sind, aber es gab einige, von denen er sich fernhielt, weil sie bekannt für ihre Brutalität waren.

Als Tyrone einmal hörte, wie er mich Pikey nannte, schrie er ihm so lange »white trash bitch« ins Gesicht, bis er mit gesenktem Kopf und rotem Gesicht den Raum verließ. Mit der Zeit nahm sich Steve so weit zusammen, dass wir vier eine Routine entwickelten. Wir spielten zusammen Billard, traten gegen andere Zellen im Vier-Gegen-Vier-Fußball an, spielten Karten und erzählten uns Geschichten über Drogen, Mädchen, mit denen wir Sex gehabt hatten (oder es zumindest versucht hatten), Schlägereien, die verschiedenen Kinderheime und Jugendstrafanstalten, in denen wir gewesen waren, und warum wir dorthin gekommen waren.

Wenn man nicht schlafen konnte, war es in Ordnung, einen der anderen aufzuwecken und ihn zu fragen, ob er einem die eigene Lieblingsgeschichte aus seinem Repertoire erzählen könne. Ich erinnere mich heute noch an meine liebsten. Die von Tyrone handelte davon, wie er einmal in ein Haus einbrach, wie er von der Frau, die dort wohnte, erwischt wurde und wie sie sich dann an ihn ranmachte. Ich liebte es, wie ängstlich er klang, als er beschrieb, wie sie auf ihn zukam und versuchte, ihm das T-Shirt auszuziehen.

Die von Junior James handelte davon, wie er einen Lieferwagen voller Nike-Turnschuhe stahl, nur um dann herauszufinden, dass zwar die Boxen von Nike, die Turnschuhe darin aber von Gola waren. Steves Geschichte war aber die beste, und ich kann mich noch genau daran erinnern, wie Tyrone ihn einmal aufweckte, um sie zu hören. Er erzählte, wie er einmal mit seinem Mädchen ein Boot stahl und wie sie dort in der Kajüte eine Kiste voller Schnaps fanden. Drei Tage später wurden sie von dänischen Fischern geweckt, die mit Taschenlampen über ihre betrunkenen, nackten Körper leuchteten. Ich kann mich noch daran erinnern, wie ich in meinem Bett lag und so tat, als ob ich schlafen würde, und dabei Tyrone zusah, wie er vor sich hinlächelte, als Steve zum Ende seiner Geschichte kam, so wie wir es alle tun, wenn eines unserer Lieblingslieder in einem weit entfernten Raum im Radio läuft.

Die anderen drei hatten allesamt die Tendenz, betrübt und launisch zu werden. Wenn einer von ihnen in eine dieser Launen verfiel, wussten wir anderen, dass wir die betreffende Person in Ruhe lassen mussten. Selbst wenn es sich um Steve handelte, gaben ihm die anderen beiden genügend Raum. Wir fragten nicht nach, was los war, denn normalerweise war es etwas Offensichtliches, wie ein Besuch von der Familie oder von Freund:innen, ein Geburtstag oder ein Jahrestag, und darüber gab selten etwas zu sagen. Wir wussten aber, dass wir denjenigen, dem es schlecht ging, im Auge behalten mussten, damit er bei Schlägereien nicht zu weit ging und damit er nichts tat, was seine Haftstrafe weiter verlängern würde.

Einmal war Steve in so einem Modus. Sein Vater hatte ihn besucht und danach sprach er nicht mehr, sondern bewegte seinen kräftigen Körper in den Gemeinschaftsräumen auf eine Weise, bei der es nur darum ging, jemanden aufzufordern, ihm in die Quere zu kommen, damit er einen Grund hatte, ihm Schmerzen zu bereiten. Tyrone lag in seinem Bett, aber ich und Junior James waren dort und spielten gerade mit ein paar anderen Jungs Billard. Wir tauschten Blicke aus und wussten sofort, dass Steve in irgendetwas hineingeraten würde. Wir behielten ihn bis zum Ende unseres Spiels im Auge. Als wir danach zu ihm hinübergingen, kamen wir gerade rechtzeitig, um zu beobachten, wie er einem anderem eine Schachtel Kippen aus der Hand riss. Wir handelten schnell. Ich stellte mich vor den Raucher und Junior James nahm Steve die Schachtel aus der Hand und gab sie zurück. Steve spuckte J.J. ins Gesicht: »Was machst du da, Junge?«

Alle anderen Jungs im Raum schauten jetzt hinüber. J.J. blieb keine andere Wahl. Er hämmerte einen Aufwärtshaken an Steves Kiefer und warf dann noch ein paar weitere Schläge hinterher, um sicherzustellen, dass er zu Boden ging.

Zwei Wärter rannten herbei und zogen Junior James ohne großen Widerstand weg. Steve richtete sich langsam wieder auf und war gerade dabei, sich umzudrehen und zurück in seine Zelle zu gehen, als ein anderer Wärter mit erhobenem Schlagstock auf ihn zustürmte und ihm einen wuchtigen Schlag zwischen die Schulterblätter verpasste. Das Geräusch von zerberstenden Knochen durchdrang unsere Ohren. Steve sackte zusammen und sein Körper prallte zu Boden. Gerade als Tyrone aus unserer Zelle kam, um zu sehen, was der ganze Aufruhr bedeutete, muss er gesehen haben, wie ich auf den Wärter zurannte und mit meinem Knie auf seine Wirbelsäule zielte. Tyrone eilte herbei. Zuerst widmete er sich Steve, dann schlug er dreimal schnell auf den Wärter ein, aus dessen Nase sofort das Blut floss.

Einer der Wärter, der Junior James festhielt, ließ ihn los und stürmte auf Tyrone zu, aber Steve war inzwischen wieder auf seinen Beinen und brachte den Herannahenden mit vollem Körpereinsatz zu Boden. Ich drehte mich um und sah, wie sich Junior von dem verbliebenen Wärter – dem die Angst ins Gesicht geschrieben war – befreite. Ich nahm mir einen Stuhl, rannte damit los und schwang dessen Metallbeine so fest ich konnte gegen das Bein des Wärters, der daraufhin die Bodenhaftung verlor.

Alles, was danach passierte, ist etwas verschwommen. Es tauchten weitere Wärter auf, aber meine Zellengenossen und die andere Jungs stürmten auf sie zu und schafften es schließlich, sie aus dem Gemeinschaftsbereich unseres Gefängnistrakts zu prügeln. Wir versuchten die Türen zu verbarrikadieren, doch die Wärter traten sie immer wieder ein.

Die Polizei wurde dazugeholt und schon bald kämpften wir – die 20 Insassen unseres Trakts – gegen eine Überzahl an Bullen und Wärtern, unsere Billardstöcke gegen ihre Schlagstöcke. Ich kann mir nicht vorstellen, wie sie in diesem Moment Gesundheits- und Sicherheitsrichtlinien hätten befolgen sollen. Die meisten von ihnen, vor allem aber die Wärter, machten sich vor Angst in die Hose, während wir den Spaß unseres Lebens hatten. Am Ende unterlagen wir und wurden hart bestraft. Meine Haftstrafe wurde verlängert, ebenso die von Junior, Steve und Tyrone. Wir wurden zudem voneinander getrennt. Ich wurde in eine kleinere Haftanstalt in Nottingham verlegt, und ich weiß nicht wirklich, was mit den anderen passierte. Ich habe mal gehört, dass Tyrone freikam und dann wegen Mordes erneut eingefahren ist. Aber ich habe keine Ahnung, ob das wirklich wahr ist, und von den anderen beiden habe ich gar nichts mehr gehört.

Wir waren wütende junge Männer mit einer ausgeprägten Gewaltbereitschaft. Je nach Laune gingen wir aufeinander los, aber wir wussten stets, wer der wahre Feind war. Wir wussten haargenau, wer uns verarschte, wer über die Macht verfügte, uns von unseren Familien, unseren Freund:innen, der Sonne und dem Regen fernzuhalten und davon, betrunken oder flachgelegt zu werden. Wir wussten, dass uns grundlegende Freiheiten, die man als selbstverständlich annimmt, genommen wurden, sowohl innerhalb als auch außerhalb der Gefängnismauern. Wir wussten das alles und warteten nur auf eine Gelegenheit und einen Grund, um auf diejenigen loszugehen, die für uns unsere Gefangenschaft repräsentierten, die Fußsoldaten des Systems, das uns bestrafte, seit wir als Kinder zum ersten Mal auf die Straße getreten waren.

Wir passten aufeinander auf, so wie wir es gelernt hatten: Indem wir gemeinsam Scheiße laberten und uns weigerten, Scheiße zu fressen. Wir brauchten dafür keine Worte wie ›Widerstand‹ oder ›Revolution‹. Der Begriff ›politische Organisierung‹ hatte keinerlei Bedeutung für uns und ›gesellschaftliches Unterdrückungssystem‹ hätte genauso gut ein Nintendo-Spiel sein können. Das bedeutet aber nicht, dass wir nicht wussten, was vor sich ging. Wir wussten, wer auf wessen Seite stand. Und ja, auf den Straßen, in den Schulen und im Gefängnis kämpften wir untereinander um ein Stück vom Kuchen, aber wir waren Kinder, die von einer Gesellschaft, die mit allen Mitteln zu hindern versuchte, dass wir auf unsere eigene Weise überlebten, fertiggemacht und manipuliert wurden. Sei gehorsam oder spüre unseren Zorn – das war es, was die Welt uns zu verstehen gab. Und wir weigerten uns zu gehorchen, denn wir wussten, dass uns Gehorsam nicht weiterbringen würde. Wir kannten Menschen, die gehorchten und deren Leben kein Stück besser war als unseres. Auch sie blieben hungrig, auch sie verloren ihr zu Hause, auch sie gingen in den Knast, auch sie starben auf der Straße.

# Abschied

Mit allen Essays in diesem Buch habe ich versucht zu zeigen, dass die Menschen, mit denen ich aufgewachsen bin, komplex und widersprüchlich sind. Ihre Gedankenwelten sind vielfältig und in ihnen steckt genauso viel Menschlichkeit wie in allen anderen Menschen auch. Ich hoffe, mir ist es gelungen, zumindest einen Teil ihres Lebensgeistes und ihrer Lebensweisheit wiederzugeben, den sie mir nahegebracht haben. Ich hoffe, mir ist es gelungen darzulegen, was für eine außerordentliche Kraft einige von ihnen an den Tag legen mussten, um zu überleben, und wie grausam diese Gesellschaft ist, die ihnen unaufhörlich ihre Autonomie, ihre Freiheit und ihr Leben verwehrt hat. Junge Männer wie Tyrone, Steve und Junior James haben sich in mein Gedächtnis eingebrannt. Wenn ich an sie denke, muss ich an Vergebung und Rache denken, an ihre Art der Weigerung, sich den Mächtigen zu unterwerfen. Diese sollte ihnen hoch angerechnet werden, genauso wie die Bereitschaft, das Wenige, das man für sich selbst übrighat, für das Wohl anderer Menschen einzusetzen.

Ich glaube, dass diese Eigenschaften in allen Menschen schlummern, die ich kenne – sowohl in denen aus meiner Vergangenheit als auch in denen aus meiner Gegenwart. Einige hatten bereits die Möglichkeit, diese Eigenschaften in Momenten des Kampfes unter Beweis zu stellen, andere werden dies in Zukunft noch tun. Wenn wir alle bereit sind, tief in uns hineinzuhorchen, um diese Eigenschaften in uns zu finden, dann kann unser Widerstand gegen Patriarchat, Kapitalismus und *weiße* Vorherrschaft an Stärke gewinnen. Das wird uns Autonomie und Freiheit bringen. Natürlich müssen wir dafür zuerst den ganzen Scheiß hinter uns lassen, der uns eingetrichtert wurde. Damit sind auch diejenigen von euch gemeint, die immer noch glauben, dass meine Freund:innen, die ich in den ersten 25 Jahren meines Lebens hatte, und alle, die heute ein ähnliches Leben führen, weniger von Revolution verstehen als ihr.

Ich dachte lange Zeit, ich sei mit Mitte zwanzig politisiert worden, aber eigentlich bin ich schon mein ganzes Leben lang politisch, ich habe zuvor einfach nur mit anderen Leuten gelebt, gearbeitet und Widerstand geleistet. In den letzten 15 Jahren habe ich von allerlei selbsternannten Aktivist:innen und Organizer:innen – einige waren mir sympathisch, andere wiederum nicht – eine Menge gelernt. Sie alle haben mir dabei geholfen, besser zu verstehen, was diese Gesellschaft und die kapitalistische Klasse den meisten Menschen und dem Planeten antut. Ich bin ihnen allen dankbar dafür. Diese Erkenntnisse sind aber nicht der Grund, warum ich weiterkämpfe, diese Leute sind für mich nicht die Vorbilder, die mich inspirieren, weiterhin solidarisch zu sein, sich weiterhin gegenseitig zu helfen und weiterhin gemeinsam Widerstand zu leisten. Die Erfahrungen und Vorbilder, die mich inspirieren, liegen viel weiter zurück. Die Essays in diesem Buch halten einige dieser Erfahrungen und Vorbilder fest.

Das Ganze ist sehr herausfordern, weil einige Leute, mit denen ich eine Verbindung aufbauen möchte, in finanzieller Hinsicht ein weitaus chaotischeres Leben führen als ich, während andere in weitaus stabileren Verhältnissen leben. Ein Teil von mir – und zwar der Teil, der durch den Kapitalismus am stärksten diszipliniert wurde – denkt, dass die Menschen, die in stabileren Verhältnissen leben, härter gearbeitet und größere Kompetenzen und bessere Lebensweisen entwickelt haben, weswegen es ihnen leichter fällt, wirtschaftlich gut über die Runden zu kommen. Diejenigen hingegen, die ein chaotischeres Leben führen, müssten – so denkt dieser Teil von mir – noch einiges dazulernen. Sie müssten lernen, sich besser mit der Welt, so wie sie schließlich ist, zu arrangieren. Es stimmt natürlich, dass sie dazulernen müssen, aber das müssen wir alle, egal ob wir in stabilen oder chaotischen Verhältnissen leben. Wir alle haben unsere eigenen, individuellen Auseinandersetzungen mit dem Thema Geld. Diese individuelle Auseinandersetzung ist jedoch durch das Umfeld, in dem wir aufgewachsen sind, geprägt, ebenso durch die Möglichkeiten, die wir hatten, und durch die Entscheidungen, die wir auf der Grundlage unseres Aufwachsens getroffen haben. All das findet wiederum im Rahmen eines bestimmten Gesellschaftssystems statt, an dessen Bekämpfung wir als Antikapitalist:innen arbeiten sollten. Je bequemer und einfacher unsere eigene Position im Kapitalismus ist, desto intensiver sollten wir denjenigen zuhören, die darin ständig zu kämpfen haben. Es sollte nicht das Ziel sein, voneinander zu lernen, wie wir uns individuell am besten innerhalb dieses Systems behaupten können. Viel eher sollten wir einander zuhören und von den unterschiedlichen Erfahrungen lernen, um besser kollektiv zusammenarbeiten zu können, um wiederum neue Arten des Seins zu schaffen.

Wir müssen neue Strukturen erschaffen, die es uns ermöglichen, unser Überleben kollektiv zu gestalten. Diese Strukturen müssen sich dann schnell verbreiten. Doch eine schnelle Verbreitung wird durch die beschriebene Individualisierung nahezu unmöglich gemacht. Wir haben also eine Menge Arbeit vor uns, denn diese Individualisierung anzugehen und zu überwinden, ist nicht einfach. Das wird zunächst nur mit Menschen möglich sein, zu denen wir bereits eine enge Beziehung haben. Doch während wir diese Strukturen aufbauen, müssen wir uns fragen, wie auch neue Leute eingebunden werden können, die wir noch nicht kennen. Es wird ein gewisses Maß an Flexibilität benötigt werden, sodass auch die Erfahrungen und Lebensumstände anderer berücksichtigt werden. Wir müssen verstehen, dass der Kapitalismus uns, solange er existiert, stets prägen und formen wird.

Die Auseinandersetzung mit diesen Themen, die meines Erachtens dringend notwendig ist, wird durch kulturelle Besonderheiten in Bezug auf das Private besonders erschwert. Ich kann hier nur über die englische Kultur sprechen – mir wurde gesagt, dass es sowohl innerhalb als auch außerhalb von Westeuropa Kulturen gibt, die sich in dieser Hinsicht stark von der englischen unterscheiden. Hierzulande jedoch werden die eigenen Finanzen als rein private Angelegenheit angesehen. Wir haben gelernt, uns für unsere finanziellen Schwierigkeiten zu schämen und unsere Erfolge zu verschweigen – in einigen Situationen haben wir jedoch auch gelernt, mit unseren Erfolgen zu prahlen, als würden diese unseren menschlichen Wert unter Beweis stellen. Meine eigene finanzielle Not hat mir lange Zeit Scham bereitet, und ich habe auf unterschiedliche Weise versucht, diese Scham zu verbergen. Zum Teil tue ich das noch heute. Anstatt mein Geld für Essen, Miete und anfallende Rechnungen aufzuwenden, steckte ich es in Drogen und Alkohol. Ich wollte eine gute Zeit haben, oder zumindest eine Zeit, in der ich den unaufhörlichen materiellen Überlebenskampf, den ich führte, etwas verdrängen und das Gefühl für meine Situation betäuben konnte. Der unaufhörliche Zwang, Geld aufzutreiben, um sich einen sicheren Platz in der Gesellschaft leisten zu können, erzeugt Ängste und Depressionen, die, in Ermangelung anderer Möglichkeiten, durch Drogen und Alkohol abgefedert werden können. Ich fand immer Wege, die Kleidung zu tragen, die mir gefiel und die sozial angesehen war, die den Eindruck erweckte, dass ich nicht arm, sondern vielmehr ein erfolgreiches Mitglied der Gesellschaft war. Meine Kleidung war mir sogar wichtiger als mein Essen. Im Endeffekt verschlimmert die Scham davor, arm zu sein, die Armut nur noch weiter, doch das Empfinden dieser Scham liegt nicht im Individuum begründet. Das Schamgefühl wird vielmehr durch den sozialen Kontext verursacht. Es bringt daher nichts, wenn irgendwer diese Zeilen liest und sich dabei denkt: »Ich bin nicht Teil dieses Problems, denn ich stehe sowieso nicht wirklich auf Designerkleidung, ich suche immer nach einem Schnäppchen in einem Secondhandshop.« Wer so denkt, hat meistens einfach andere Wege gefunden, um den eigenen gesellschaftlichen Wert unter Beweis zu stellen, vielleicht dadurch, dass er oder sie sich genauso verhält, wie es im Kapitalismus erwartet wird. Doch vielleicht wurde einer Person, die so denkt, auch einfach seit der Geburt genügend soziales Kapital in die Wiege gelegt, sodass sie es sich leisten kann, etwas davon zu verlieren.

Bei der Diskussion dieses Themas sollten nicht nur die Menschen im Mittelpunkt stehen, die keine Ersparnisse haben, die Schulden haben, die Schwierigkeiten haben, ihre Rechnungen zu begleichen und ihre Miete zu bezahlen. Es muss auch darüber gesprochen werden, warum das Verhältnis zu Geld, das jene Menschen an den Tag legen, die gespart und Schulden vermieden haben, sozial akzeptierter ist. Wir haben es mit zwei Seiten derselben Medaille zu tun. Beide zeigen, wie das kapitalistische Wirtschaftssystem unser Verhalten, unsere Wertvorstellungen und unsere Einstellungen prägt. Ich habe heute eine relativ stabile Anstellung, aber ich bin nicht dazu in der Lage, wirklich etwas zu sparen. Ich mache mir Sorgen um meine finanzielle Sicherheit, und ich frage mich, was ich alles tun muss, falls ich Kinder haben werde. Wie kann ich ihnen Sicherheit bieten? Wie kann ich genug Geld verdienen, um sicherzustellen, dass sie genügend Essen und ein Dach über dem Kopf haben? Diese Denkweise ist das Ergebnis meiner geschlechtsspezifischen Sozialisierung im Rahmen kapitalistischer Verhältnisse. Es geht um persönliche Verantwortung, die Verantwortung eines Mannes. Ich weiß, dass die Idee kollektiver Kämpfe infrage gestellt wird, wenn andere von mir abhängig sind. Wie kann ich sicher sein, dass ich denjenigen, mit denen ich zusammen kämpfe, vertrauen kann, dass sie ehrlich sind, sie so hart arbeiten wie ich, sie ihre Ertragskraft auf dieselbe Weise einsetzen würden, wie ich es tun würde? Wie kann ich meine eigene Sicherheit und die Sicherheit derer, die von mir abhängig sind, riskieren? Ich muss mir eingestehen, dass diese Ängste real sind, dass wir aufgrund unserer gesellschaftlichen Prägung darauf ausgerichtet sind, nur auf uns selbst zu schauen, und dass einige von uns vom Weg abkommen werden, andere ausnutzen werden, sich mehr nehmen werden, als sie brauchen, und nicht genügend Vertrauen in die kollektiven Prozesse haben werden. Ich muss mir eingestehen, dass auch ich zu den Menschen gehören könnte, in die der Geist des Kapitalismus so tief eingedrungen ist, dass sie unfähig sind, anderen Personen zu vertrauen. Es kann sein, dass ich letzten Endes meine eigenen Bedürfnisse auf Kosten anderer befriedige. Auch wenn es ein gewisses Risiko mit sich bringt, ist das der Grund, weshalb wir bereits im bestehenden kapitalistischen System kollektive Prozesse mit einem Maximum an Aufrichtigkeit und Bewusstsein für eventuelle Fallstricke aufbauen müssen.

Warum ist das wichtig? Wozu die Mühe, wenn alles so riskant und so schwierig ist? Ich glaube nicht, dass das kapitalistische System auf einen Schlag durch eine Revolution zerstört werden wird und dass danach alle wie von Zauberhand zu anderen Menschen geworden sein werden. Ich glaube, dass das System, das wir bekämpfen, zu einer Kultur geworden ist, die wir verinnerlicht haben. Sie hat unseren Geist geformt und sie wird so lange überleben, wie wir uns weigern anzuerkennen, dass wir dieses System selbst verkörpern und dass wir es durch unser eigenes Handeln aufrechterhalten. Solange wir unsere eigenen sozialen Beziehungen durch die kapitalistische Brille betrachten, wird dieses System weiterbestehen.

Das heißt nicht, dass wir andere wichtige Punkte vernachlässigen dürfen, wie beispielsweise den Aufbau einer Gegenmacht, die Bekämpfung von bestehenden Machtstrukturen und mächtigen Institutionen sowie die kontinuierliche Arbeit an der Schlagkraft unserer Klasse. Vielmehr geht es darum, an all diesen Schrauben gleichzeitig zu drehen. Zusammengenommen stärkt uns das und versetzt uns in eine bessere Position, um Patriarchat, Kapitalismus und die *weiße* Vorherrschaft zu zerschlagen.

# P.S.

Warum haben so viele vermeintlich antikapitalistischen Menschen und Communitys so eine problematische Beziehung zu den Themen persönliche Finanzen und Schulden? Wahrscheinlich liegt es an der sozialen, politischen und kulturellen Hegemonie, in der wir in der westlichen Welt leben. Unsere Kultur betont individuelle Verantwortung und individuellen Erfolg, auf den wir alle eigenständig hinarbeiten müssen. Diese Hegemonie ist zerstörerisch und widerspricht einer jeden antikapitalistischen Haltung. Es müssen weitaus größere Anstrengungen unternommen werden, um sowohl diese Hegemonie als auch die Art und Weise zu überwinden, wie wir danach leben.

Ich bin nicht immer ein großer Fan von präfigurativer Politik. Die Tendenz zu betonen, wie die Welt sein sollte statt wie sie ist, führt oft dazu, dass diejenigen, die über viel soziales Kapital und somit über viele Auswahlmöglichkeiten verfügen, moralische Urteile über diejenigen ohne solche Freiheiten fällen.

Dennoch gibt es einige Möglichkeiten, wie versucht werden kann, so zu leben, als sei die Welt bereits so, wie sie sein sollte, und nicht so, wie sie gegenwärtig ist. Diese sind meiner Meinung nach für einen antikapitalistischen Kampf enorm wichtig und nützlich. Eine davon besteht sicherlich darin zu hinterfragen, wie wir selbst den rassistischen und patriarchalen gesellschaftlichen Überbau verkörpern und weitertragen. Eine andere besteht darin, Wege ausfindig zu machen, wie wir von einem individuellen zu einem kollektiven Umgang mit unterschiedlichen Ressourcen gelangen. Das gilt insbesondere für Geld, das nicht nur für die Durchführung von wirtschaftlichen Transaktionen nötig ist, sondern ebenso für die Bestimmung des gesellschaftlichen Wertes einer Person von Bedeutung ist. Denjenigen, die mit Geld umgehen können, wird ebenso große Anerkennung zuteil wie denjenigen, die in der Lage sind, Geld zu verteilen. Diejenigen hingegen, deren Umgang mit Geld chaotischer ist, werden als unverantwortlich und kindisch dargestellt, als Menschen, die Hilfe benötigen.

Unsere antikapitalistischen Communitys – die, wie wir alle, innerhalb einer kapitalistischen Kultur existieren – handeln ebenfalls täglich nach diesen Vorstellungen, wobei ihre Aktionen oft nur in schönere und fortschrittlichere Worte gekleidet sind. Sie mögen zwar Hilfe und Unterstützung anbieten, betrachten das Problem aber immer noch als ein individuelles und ihr Hilfsangebot mehr als Akt der Wohltätigkeit denn als Akt der Solidarität. Solidarität findet statt, wenn wir die Situation als kollektives Problem neu begreifen. Unsere Schulden, nicht ihre Schulden. Wenn wir den Kapitalismus zerstören wollen, müssen wir zuerst lernen, unser Überleben als etwas Kollektives und nicht als etwas Individuelles zu verstehen. Wir müssen eine Praxis etablieren, die dem kollektiven Überleben dient.

Dies ist nur möglich, wenn wir begreifen, wie eng wir auch auf psychologischer Ebene mit dem gegenwärtigen ökonomischen System verbunden sind. Durch diese Erkenntnis, in Kombination mit der Etablierung eines von gegenseitigem Vertrauen geprägten Dialogs mit unseren Freund:innen, Familienangehörigen, Genoss:innen, Nachbar:innen und anderen Mitgliedern unserer Communitys, erkennen wir, auf welch vielfältige Weise dieses System unsere Werte prägt und unser Handeln motiviert.

Ich bin stolz darauf, dass ich in den vergangenen Jahren ein gewisses Maß an finanzieller Stabilität erreicht habe. Ich bin teilweise dazu in der Lage, etwas auf die Seite zu legen. Durch meinen Job werde ich eine Rente erhalten. Meistens (manchmal aber auch mit der Hilfe von Freund:innen) war ich selbst in der Lage, meine Miete und Rechnungen zu zahlen und Essen zu kaufen. Es war mir möglich, Menschen in schwierigeren Situationen und Projekte, die mir am Herzen liegen, finanziell zu unterstützen. Aber dieser Stolz ist problematisch. Er hängt mit dem Drang zusammen, mich als würdiger Bürger zu erweisen, als nützliches Mitglied der Gesellschaft, das bereit ist, deren Dynamik zu reproduzieren. Ich kam aus einem Leben in wirtschaftlicher Armut zu wirtschaftlicher Stabilität. Ich habe mehr oder weniger gelernt, mich so zu verhalten, wie es der Kapitalismus von mir verlangt, und bin dafür sowohl materiell als auch in gewisser Weise auf einer psychologischen Ebene belohnt worden.

Das widerspricht der Art, wie ich in dieser Welt leben will, aber ich denke nicht, dass es die Lösung sein kann, diese wirtschaftliche Sicherheit wieder aufzugeben. Stattdessen muss ich Wege finden, wie ich meine Stabilität und mein wirtschaftliches Überleben mit der Stabilität und dem Überleben anderer verbinden kann.

## Danksagung

Dieses Buch ist, wie mein Leben selbst, ein kollektives Werk.

Zuallererst möchte ich Kelly O'Brien für ihre Fotos danken, die dieses Buch begleiten. Sie verleihen dem Text eine weitere Dimension. Künstler:innen aus der Arbeiter:innenklasse wie sie drücken ihre Liebe und ihre Wut aus. Ihre Arbeiten finden sich auf Instagram unter @kelly.o.brien.

Dieses Buch wäre ohne meine Genoss:innen Maja, Hannah B., Stuart, Natalia und M.D. nicht möglich gewesen. Die Schilderungen ihrer eigenen Erfahrungen von Klasse gaben mir die Kraft, meine eigene zu artikulieren.

Ein riesiges Dankeschön an Eshe Kiama Zuri für ihr großzügiges Vorwort[18], ihre ermutigenden Worte und ihre durchdringende Stimme.

Vielen Dank an Judy für die Comics, die, aus Gründen, die ich vergessen habe, vor vielen Jahren entstanden sind.

Viele Leute haben diesen Text gegengelesen. Sie haben mir wertvolle Ratschläge gegeben, haben mich ermutigt und sich die Zeit genommen, Rechtschreibung und Grammatik zu korrigieren – zu beidem habe ich ein schwieriges Verhältnis. Ayesha, E, Chris, Tim, Jack, Lucy, Humaria, Anna, Hannah, Dan, Sophie, Tove und Tom. Die nächste Runde geht auf mich.

Mein Dank gilt auch den Leuten, die mit mir im *Class Work Project* arbeiten: Dorothy, Hannah und Shan.

Und schließlich danke an KM dafür, mir gezeigt zu haben, dass in der Zerbrechlichkeit eine Stärke liegt. Danke, dass du mir die Kraft gegeben hast, mein Leben zu teilen, und dass du an den meisten Morgen da bist.

---

18 In der vorliegenden deutschen Ausgabe ist ein anderes Vorwort, verfasst von Christopher Wimmer, abgedruckt. (Anm. d. Ü.)